구석구석 녹색교회 탐방 2
: 먹거리로 환대의 삶을 열어가는 교회들

생태목회연구소

잘못된 책은 바꾸어 드립니다.
이 책은 저작권법에 따라 보호받는 저작물이므로 무단전재와 무단복제를 금합니다.

구석구석 녹색교회 탐방 2
: 먹거리로 환대의 삶을 열어가는 교회들

초판1쇄 2024년 8월 15일

책임편집 이은경 김경환 김신형 김준영 이현우
교회그림 장미혜
펴낸이 이은경
펴낸곳 감리교생태목회연구소
디자인 및 제작 이야기books
출판등록 2022년 12월 6일 제2022-000113호
주소 서울시 서대문구 북아현로20길 69 아펜젤러세계선교센터 1F
전화 070-4507-8644
이메일 kmceco0217@gmail.com
페이스북 www.facebook.com/kmceco0217

ⓒ생태목회연구소, 2024

ISBN : 979-11-981746-1-1 [03230]

가격: 18,000원

※ 이 책은 용지 재활용을 위해 표지 코팅을 하지 않았으며, 친환경 용지로 제작되었습니다.

구석구석 녹색교회 탐방 2
: 먹거리로 환대의 삶을 열어가는 교회들

생태목회연구소

CONTENTS 목 차

추천의 글

환경운동은 평화운동이요, 생명운동입니다
_ 박동찬(본 연구소 이사장, 일산광림교회) · 6

그래서, 이 책을 읽으실 건지요?
_ 정유경(우양재단 대표) · 12

들어가는 글

하나님 나라의 맛있는 환대를 이루는 교회들
_ 이은경(본 연구소 소장) · 20

설교

화평(Peace)을 이루는 식탁으로서의 '화목제(Peace Offerings)'
_ 전병식(배화여자대학교 교목실장) · 28

먹거리로 환대의 삶을 열어가는 교회들

"함께 먹는 일의 힘"_ 커피마을 (경기도 고양, 참포도나무교회)
#카페 #청년일자리 #마을공동체 · 38

"커피로 그리스도의 향기를"_ 까페 외할머니 (인천, 등불교회)
#아메리카노버블 #노인 #외국인노동자 · 60

"닻을 내리는 마음으로"_ 비스트로 세종 (세종, 이음교회)
#청년 #지역상생 #로컬_크리에이터 · 80

"빵 굽는 키다리 아저씨"_ 충주베델교회 (충청북도 충주)
#빵 #살림 #존중 · 102

"평화를 위해 오늘도 생각한다"_ 평화교회 (경기도 화성)
#빵 #재난구호 #자립프로그램 · 124

"약한 것을 강하게"_ 미문의 일꾼교회 (인천)
#산업선교 #푸드뱅크 #전병 · 148

"조각돌의 항해"_ 방주교회 (강원도 삼척)
#수도원스타일교회 #노아카페 #회랑있는교회 · 170

"오늘은 충실하게, 미래는 명랑하게"
  _ 자연담은 걸작 (서울, 새날을여는청소년쉼터)
#책임있는미래 # 학교밖청소녀 #청소년자립카페 · 190

"서로를 살리는 우정"_ 서로살림농도생협 (서울)
#협동조합 #친환경먹거리 #생명의쌀나눔 · 210

"콩 한 알의 무게"_ 콩세알 (인천시 강화, 일벗교회)
#두부꾸러미 #생태공동체 #천연콩 · 232

구석구석 녹색교회 탐방 2

추천의 글

환경운동은 평화운동이요, 생명운동입니다
_ 박동찬(본 연구소 이사장, 일산광림교회)

그래서, 이 책을 읽으실 건지요?
_ 정유경(우양재단 대표)

추천의 글 -1

환경운동은 평화운동이요, 생명운동입니다.

박동찬 목사 (본 연구소 이사장, 일산광림교회)

먼저 녹색교회를 소개하는 두 번째 책이 이렇게 발간된 것에 대해 하나님께 감사를 드리며, 수고하신 모든 분들께도 감사를 드립니다.

자연을 보호하고 환경을 지키는 일은 우리 기독교인들에게 주어진 사명입니다. 그럼에도 우리는 '편함'의 유혹에 익숙해지다 보니 어느덧 우리가 사는 세상은 망가져 버렸고, 이제는 통제 불가능한 상태에 이르게 되었습니다. 세계 곳곳에서 하루가 멀다고 터져 나오고 있는 이상 기후와 자연재해의 소식은 이제 우리가 사는 이 나라도 결코 안전지대라고 확신할 수 없는 상황이 되었음을 보여주는 지표가 되었습니다.

이런 상황 속에서 하나님이 창조하신 자연 세계를 지키고 우리의 환경을 보호하기 위해 고군분투하는 목사님들이 있습니다. 누가 알아주든 아니든 상관하지 않고 묵묵히 교회의 책임을 절감하며, 특히 먹거리를 통해 평화를 이루고 환경지킴이의 역할을 다하는 귀한 주님의 일꾼들입니다. 이들의 이야기를 이렇게 책으로 엮어 소개할 수 있게 된 것은 이 시대에 꼭 필요한 일이요 칭찬받을 일이라 생각합니다.

환경운동은 생명운동이요, 평화운동입니다.

우리에게 익숙한 '작은 연못'이라는 곡의 노랫말처럼, 생존 경쟁의 시대에 서로 싸우고 다투다가 하나가 죽으면 그것이 승리인 것처럼 자랑스러워하지만, 결국 죽은 다른 하나에 의해 연못 물은 썩어가고 그로 인해 연못은 오염이 되어 버립니다. 그렇게 내가 사는 연못이 오염되니 결국 살아남은 다른 하나도 죽게 되었다는 슬픈 이야기의 노래가 이제는 현실이 되어가고 있습니다.

"깊은 산 오솔길 옆 자그마한 연못엔
지금은 더러운 물만 고이고 아무것도 살지 않지만,
먼 옛날 이 연못엔 예쁜 붕어 두 마리
살고 있었다고 전해지지요. 깊은 산 작은 연못

어느 맑은 여름날 연못 속에 붕어 두 마리
서로 싸워 한 마리는 물 위에 떠오르고,
여린 살이 썩어들어가 물도 따라 썩어들어가
연못 속에선 아무것도 살 수 없게 되었죠."

— 김민기 作

결국 치열한 생존경쟁과 오염된 환경 속에서 내가 이룬 승리는 너도 죽고 나도 죽는 공멸이라는 결과를 낳게 된다는 이야기입니다. 이는 지난 수년간 우리에게 두려움을 주었던 코로나 팬데믹의 교훈이기도 합니다. 내가 살기 위해서는 내 이웃도 건강하게 살아야 하며, 그러기 위해서는 나 자신만을 위해 사는 것이 아니라 이웃의 건강까지 책임을 지며 살아야 한다는 교훈입니다. 그런 점에서 환경운동은 평화운동이요, 생명운동이라 말할 수 있습니다.

이런 상황 속에서 『구석구석 녹색교회 탐방 2』를 발간하게 된 것은 뜻깊은 일이 아닐 수 없습니다. 이번 책은 주로 먹거리를 통해 어떻게 환경과 우리 사회에 도움을 줄 수 있을지를 다루었습니다. '커피'와 '사랑빵' 나눔, 생협 등을 통한 먹거리 운동, 평화운동을 통해 환경선교를 실천하는 교회들의 이야기입니다. 많은 사람이 자기만을 생각하고 또 편리함을 추구하는 이 시대에 타인을 배려하고 불편하게 사는 것이 모두가 사는 길이라는 점을 기독교인이라면 인식해야 합니다.

세상에 불편하게 사는 것을 좋아하는 사람은 없습니다. 그럼에도 우리가 그렇게 살아야 하는 것은, 그리고 그렇게 살려고 노력해야 하는 까닭은 나도 살고 사랑하는 우리 자녀들도 사는 길이기 때문입니다.

바라기는 이 책에 소개된 이야기들이 하나의 사례로 끝나는 것이 아니라, 교회 운동으로 이어지기를 소망합니다. 망가진 세상을 회복시켜 달라고 기도만 하는 것은 신앙인으로서의 책임을 회피하는 또 하나의 죄입니다. 기도와 더불어 생활 속에서 작은 것이라도 실천할 수 있는 환경지킴이의 역할을 충실히 이행한다면, 언젠가 다시 아름다운 자연이 회복되는 놀라운 일이 일어날 것이라 기대합니다. 이번에 출간된 이 책이 환경운동에 관심을 갖는 모든 분들에게 좋은 길잡이가 되고 지혜가 될 수 있기를 소망하며 이 책을 추천합니다.

추천의 글 -2

그래서,
이 책을 읽으실 건지요?

정유경 (우양재단 대표)

저는 성긴 글과 말을 좋아합니다. 더 정확히 적자면, 성기지만 지속적이고 섬세하면서도 그래서 은근히 치열한 글과 말을 좋아한다고 말할 수도 있습니다. 성긴 글과 말을 좋아하게 된 것은 아주 오래전부터는 아니었고 몇 년 된 것 같습니다. 세상을 복잡하고 전투적으로 살아도 모자란대, 성긴 것으로 되겠냐고 생각할 수도 있습니다. 물론 그 말도 맞습니다. 세상은 복잡하고 거저 되는 일은 없고, 목소리를 높여 크게 말해도 뜻이 전달될까 말까 하고, 그런데도 왜 성긴 것이 좋다고 생각하게 되었을까요?

돌이켜보건대 치밀해서 물도 공기도 전혀 새지 않을 것 같고 꼭 맞을 것만 같은 것들이 나중에 보면 꼭 맞지 않고 '어, 뭔가 이상한데… 이게 맞는 거였나…'라는 생각에 고개를 갸우뚱하게 되는 경험들을 점점 더 많이 하게 된 듯합니다. 먹을 것과 관련해서도 그러합니다.

제 일터인 〈우양재단〉에서는 여러 돕는 일을 하는데, 그중 하나가 가난한 노인분들에게 먹을 것을 드리는 일입니다. 처음엔 남들이 다 하듯이, 라면에 쌀로 아주 여러 해 전에 시작했다고 합니다. 저는 그때 이 일터에 없었으니, 직접 보지는 못했지만요. 작았던 그 일이 지금은 그때 비하면 많이 커져서, 독거어르신 외에도 한부모가정의 엄마와 아이들, 다문화가정, 탈북민, 심지어 정신건강이 어려운 이들에게도 다양한 먹을 것들을 드립니다. 그리고 그중 많은 것을 이 책의 아홉 번째 이야기인 '서로살림생협'과 '농도생협'을 통해서 구하고 있습니다. 더불어 저희 〈우양재단〉과 직거래하는 생협 외 소(小)생산자들도 여럿 계시고요.

가난한 이들에게 생협이라니. 더 싼 것을 많이 사서 주는 게 낫지 않느냐고 생각하는 분들도 계실 것 같습니다. 때로는 저희도 그렇게 생각합니다. 〈우양재단〉에도 여러 사람이 있으니까요. 친환경 같은 것을 중시하는 분들도 있고, 오아시스나 쿠팡이 배송도 빠르고 물품도 다양한데 주로 거기서 사면 안 될지 라고 생각하는 분들도 있고요.

저는 항상 고개를 갸우뚱하며 사는 사람이라서 이렇게 다른 여러 생각들에도 나름대로 이유가 있으니, 다 찬찬히 들어보는 것이 좋다고 생각합니다. 그래서 다 '서로살림농도생협' 등에서만 사는 것은 아니고, 그때그때 상황에 따라서 이래저래 히고 있습니다. 그래도 가능한 한 생협이나 생협회에 속한 소(小)생산자들에게서 사들이려고 애쓰고는 있습니다. 그렇게 하는 이유는 이 글 처음에 적은 것과 연결됩니다. 성기지만, 그래도 어떤 면으로는 필요한 것 같아서입니다.

저는 과학자가 아니어서 친환경 먹거리를 먹으면 즉각적으로 건강에 얼마나 도움이 되는지는 잘 모릅니다. 하지만, 받는 분들이 기뻐하시는 경우들이 있습니다. 살기 위해 겨우겨우 먹는 것이 대부분이어서 먹으면서도 슬펐는데, 친환경처럼 좋은 먹거리라고 생각되는 것들을 가끔 드시면 자존감이 회복된달까요. 내가 나를 돌보는 느낌, 그리고 이 먹거리를 전달해 주는 이가 나에게 관심을 가지고 돌봐주는 느낌도 들고요. 그래서 좋아들 하십니다.

먹거리를 전달해 드릴 때, 친환경이나 생협과 관련된 이야기를 하는 때도 있습니다. 그러면 어떤 분들은 먹거리 너머 있는 농부나 하늘, 땅, 꿀벌 등에 관심을 가지기도 하고요. 기후변화와 같은 이야기도 하게 되고요. 그래서 그냥 먹거리를 받는 수혜자가 아니라, 세상에 관한 이야기를 나누는 사이가 되기도 합니다. 이건 멋지다고 생각합니다. 돕는 일에서 도움을 주는 이와 받는 이가 명확히 구분되는 건 항상 가슴 아픈 부분이라서요.

이전보다 먹을 것을 더 많이 수입하고 가공해서 풍부해진 듯 보이고, 배송도 빠르고 다양합니다. 하지만, 사람들이 이전보다 더 건강한 것 같지도 않고, 세상이 더 편한 것 같지도 않습니다. 전쟁도 자주 나고, 날씨도 오락가락해서 가끔 계절도 헷갈리고, 그래서 먹거리 가격이 많이 오르기도 합니다. 이런 세상이라서 기존의 효율적이고 빠른 것이 좋다는 방식으로 만들어지는 먹거리들에 대한 질문도 생겼던 것 같습니다. 국제간 무역에 과학적이고 효율적인 방법으로 먹거리를 만드는 것이라더니, 왜 이리 사는 게 힘들어지는지. 그런 질문들 속에서 생협이나 소(小)생산자들과의 직거래 같은 좀 다른 방법들을 몸에 붙여 보기도 하는 것 같습니다.

이런 질문들을 마음에 품고 저희 〈우양재단〉에서는 먹거리와 환경과 관련한 다양한 일들을 하기도 합니다. 꿀벌에 관심하는 작은 일들을 지원하기도 하고, 남는 음식을 줄이기 위한 '공유냉장고 프로젝트'와 손잡기도 하고, 복지단체와 함께하는 먹거리 네트워크라는 것도 관심 있는 단체들과 몇 해째 같이 하면서, 기후변화와 먹거리에 대해 이야기도 합니다.

그럼 어지간히 치밀한 것 아니냐고 누군가가 질문하실 법도 한데요, 아닙니다. 왜냐하면, 이 일들을 상당히 게으르고 성기게 하고 있기 때문입니다. 하려면 제대로 하지라고 말할 분도 있을 것 같은데, 제 생각에는 이게 오히려 낫습니다. 저희 〈우양재단〉은 꽤 여러 해 동안, 환경이나 농업과 관련된 목사님들이나 소농들이 하는 일을 보고, 연결해서 지원하거나 함께 일한 적이 있습니다. 그런데 참 어렵다는 것을 느꼈습니다. 꾸준히 하면서 뭔가 민들어 가는 분들도 계셨지만, 그렇지 못한 경우들도 시간 속에서 많이 만났습니다. 왜 그랬나 생각해 보면, 여러 이유가 있겠지만, 가장 큰 이유는 이런 모든 노력들이 시대의 흐름을 거스르는 방향이어서 그런 것 같습니다.

농촌을 살리겠다거나 자연적 친환경 먹거리가 중요하다거나 소농을 보호해야 한다거나 혹은 하늘과 땅과 바다가 중요하다는 이 모든 것에 추상적으로 공감하는 사람들이 있기는 합니다. 하지만 소수이고, 늘어나지는 않습니다. 환경과 기후변화가 심해지면서 공감하기는 좀 쉬워졌지만, 그만큼 상업화된 유기농 배달 서비스들도 급성장하고 있습니다.

이런 흐름이 불러올 미래가 무섭게 느껴지기도 합니다. 아니라고 하면 거짓말일 것 같습니다. 아무래도 저는 이전 시대에 익숙한 사람이니까요. 이런 미래 속에서 가난한 이들의 앞날은 더군다나 걱정되기도 합니다. 그래서 잘 안되고 어려울 것을 알면서도 가난한 이들의 먹거리를 돌보거나 버려지는 먹거리와 음식물을 줄이는데 관심이 계속 갑니다.

하지만, 다가올 미래에 대해서 무조건 나쁘다고 생각하지는 않습니다. 잘 모르겠다고 생각합니다. 새로운 시대가 오고, 기존의 방식으로는 농사도 어렵고 우리의 생존도 어려운 시간이 다가온다는 것은 알겠습니다. 아직 잘 모르는 것들이 많습니다. 우리는 어디로 가고 있는 걸까요?

이렇게 아직은 모르는 것이 많기에, 저는 성기게 말하고 쓰며 고개를 갸우뚱 한 채로 오늘도 조금 느리게 나사가 하나 빠진 사람처럼 여지를 두고 살고 있습니다. 하지만 기후변화 등 큰 변화가 다가오고 있다는 것을 느끼고 있고, 그 안에서 저는 두 눈을 크게 뜨고 있습니다. 더 잘 보고 싶은 마음에 가끔은 눈을 게슴츠레 뜨기도 합니다. 마음에 여러 물음표를 가지고 말이지요.

그런 면에서 이 책 『구석구석 녹색교회 탐방 2』는 오랫동안 농촌과 환경과 소농과 세상에 관심을 가지고 꾸준히 뭔가 해 왔던 곳들의 이야기를 담고 있어서, 관심 있는 이들과 이야기를 나누는 데 도움이 되는 책일 것 같습니다. 솔직히 적자면, 추천사를 부탁받았는데 책 원고 전체를 못 보았습니다. 목차는 받았지만, 어림짐작으로 쓰기 어려워서 생협 관련된 한 챕터만 보고 이 글을 쓰고 있습니다. 더 달라고 해서 많이 보고 쓸까 하다가, 게으르고 성긴 사람답게 그냥 하기로 했습니다.

그래서, 이 책을 읽으실 건가요?

어떤 이야기를 들을 때도 어떤 책을 읽을 때도 무조건 긍정하거나 비판한다면, 요즘 표현으로 쿨(cool)하지 않다고 저는 느낍니다. 이 책도, 이 책 속의 이야기들도 마찬가지일 것 같습니다. 그래서 저는 책이 나오면, 고개를 갸우뚱하고 느릿느릿 읽어보려고 합니다.

지남철이라고 아시나요? 유명한 분이 쓴 '떨리는 지남철'이라는 표현이 있습니다. 지남철은 옛날 단어인데요, 나침반 같은 것으로 생각하면 됩니다. 안정적으로 한 방향을 향하기 전에 나침반도 그렇지만, 계속 떨리고 헤매기까지 합니다. 부들부들 덜덜 흔들흔들. 이 추천사도 그런 마음으로 씁니다. 이 책에 담겨 있는 여러 사람이 애쓴 이야기들, 그리고 이 책의 추천사 속에 제가 적은 저희 〈우양재단〉의 이야기들도 실제로 그렇지 않을까요?

각자의 그러한 떨림과 갸우뚱함이 만나면서 뭔가 좋은 것을 만들어 내려면, 약간 성기고 게으르고 느린 것도 좋을 것 같습니다. 오랜 시간 끈기 있고, 자기반성적으로 솔직하고, 은근히 치열할 수 있다면 말이지요. 오랜 시간…. 힘들게 들리기도 합니다. 하지만, 오랜 시간이라 해도 얼마 안 될 것 같습니다. 우리는 모두 죽고, 어떤 일도 단체도 영원하지 않으니까요. 아마 전체로서의 우리 인간, 인간종도 그럴 겁니다. 그러니 너무 서두르지 않고 천천히 성기게 해보아도 괜찮을 수도 있을 듯합니다. 그런 생각으로 마음의 여유를 가지고 다시 한번 고개를 살짝 기울여 봅니다. 갸우뚱.

열심히 쓴 이 책 속의 이야기들이 누군가의 떨림과 만나 쿨(cool)한, 성기지만 끈기 있는 은근한 따뜻함을 만들어 내기를 바라며, 저의 게으른 추천사를 마무리합니다.

#그래서이책을읽으실건가요?

구석구석 녹색교회 탐방 2

들어가는 글

하나님 나라의 맛있는 환대를 이루는 교회들

_ 이은경 (본 연구소 소장)

들어가는 글

하나님 나라의 맛있는 환대를 이루는 교회들

이은경 (본 연구소 소장, 감리교신학대학교 학술연구교수)

『구석구석 녹색교회 시리즈』는 포스트 코로나 시대에 접어들면서 교회가 직면한 여러 도전과 위기들에 교회적, 목회적으로 응답하면서, 동시에 새로운 목회 패러다임을 제안해 보려는 목적에서 기획되었습니다. 오늘날 교회 안팎에서 일어나고 있는 여러 사건들은 우리 시대 교회의 역할은 무엇이고, 지속가능한 사회를 위해 교회가 해야 할 일은 무엇인지를 다시금 돌아보게 하기 때문입니다.

2023년에 처음 출판된 『구석구석 녹색교회 탐방』에서는 생태적 가치를 교회적, 목회적으로 적용하는 글과 더불어 환경/생태/녹색활동을 하는 교회, 마을에서 공동체 활동을 통해 지역사회를 선하게 바꾸고 있는 교회 8곳을 취재하여 소개하였습니다. 그리고 이번 『구석구석 녹색교회 탐방 2』에서는 "먹거리로 환대의 삶을 열어가는 교회들"이라는 부제를 달고 특별히 커피, 빵 등을 포함한 음식과 친환경 먹거리를 통해 사회적 활동을 펼치고 있는 교회와 기관 10곳을 찾아내었습니다. 취재와 인터뷰를 통해 교회와 기관 및 그 활동을 소개하면서, 이를 통해 포스트 팬데믹 시대 교회의 새로운 역할과 선교적 사역에 대한 하나의 모델을 제안하려고 합니다.

 이번 취재는 본 연구소의 연구원으로 활동하다 이제는 사무국장을 맡게 된 김신형 목사님(자연드림교회)과 실행위원인 이현우 목사님(자유인교회), 그리고 강화도에서 새로이 목회를 시작한 김준영 전도사님(강화미문교회)이 맡아주셨습니다. 이번에 취재한 10곳 중에는 이미 잘 알려진 곳도 있지만, 그렇지 않은 곳도 있습니다. 그리고 교회뿐만 아니라, 교회 곁에서 마을과 함께 사회와 더불어 활동하는 기관들도 돌아보았습니다.

 특히 〈자연담은 걸작〉은 감리교회 여성목회자들이 가출 청소년들을 위해 세운 '새날을 여는 청소년 쉼터'에서 학교 밖 청소년들의 자립을 위해 세운 사회적 기업이며, 〈서로살림농도생협〉은 서로 다른 지역에서 활동하고 있던 두 생협, '서로살림생협'과 '농도생협'의 콜라보(Collaboration)로 탄생했습니다. 이중 '농도생협'은 감리교회 농촌 목회자와 생산자를 중심으로 '도시-농촌교회'가 힘을 모아 건강한 먹거리 선교와 친환경 농업 확산을 위해 '농도공동체 선교회'를 설립한 것이 그 시작이었습니다.

 이 밖에도 커피를 매개로 청년일자리를 만들뿐 아니라 마을공동체를 일구고 있는 '참포도나무교회'의 〈커피마을〉, 노인과 외국인 노동자들에게 일자리를 제공하며 동네 사랑방 역할을 하고 있는 '등불교회'의 〈까페 외할머니〉를 다녀왔습니다. 세종시에 위치한 〈비스트로 세종〉과 〈미트볼 스테이션〉은 '이음교회'에서 청년일자리와 지역 상생을 위해 운영 중인 레스토랑입니다. 그리고 〈충주베델교회〉는 우리 땅에서 나는 밀가루와 유정란으로 빵을 구워 생활이 어려운 이웃이나 재난 현장을 찾아가는 '빵 미니스트리'(Bread Ministry)를 하고 있었으며, 경기도 화성시의 〈평화교회〉는 빵을 만들어 교도소와 소년원 등에 복음을 전할 뿐 아니라, '투웰브 바스켓'(12 baskets)이라는 브랜드를 통해 제빵 기술을 해외 선교의 도구로도 사용하고 있었습니다.

인천 〈미문의 일꾼교회〉는 푸드뱅크와 도시락 배달을 통해 지역사회의 어려운 이웃과 함께 하고 있었으며, 강원도 삼척의 〈방주교회〉는 유럽 수도원 스타일의 교회 건축으로도 유명하지만, '노아 카페'를 통해 여선교회에서 직접 가꾼 농산물로 음료를 만들고, 지역에서 생산된 먹거리를 판매하는 역할도 하고 있었습니다. 마지막으로 인천 강화의 〈콩세알〉은 '일벗교회'에서 세운 '농업회사법인'으로 생명, 나눔, 순환의 가치를 먹거리로 실현하면서 사회적 농업과 목회를 이어가고 있었습니다.

이들 교회와 기관들의 이야기를 모두 담기에는 지면이 너무 부족했습니다. 하지만, 세 분의 목회자가 그들의 소중한 이야기를 잘 듣고, 정성스러운 마음으로 기록하였습니다. '인천의 미문교회', '충주베델교회', '이음교회'(비스트로 세종), '평화교회'는 김신형 목사님이 취재했고, 경기도 고양의 '커피마을'(참포도나무교회), 강원도 삼척의 '방주교회', 강화의 '콩세알'(일벗교회) 그리고 서울의 '자연담은 걸작'과 '서로살림농도생협'은 김준영 전도사님이, 마지막으로 인천의 '까페 외할머니'(등불교회)는 이현우 목사님이 다녀왔습니다.

그리고 저도 간간이 취재에 동행하면서, 더불어 배울 수 있었습니다. 이렇게 찾아다니다 보니 곳곳에서 마을을 돌보며, 그들과 함께 먹고 마시며 목회하는 멋진 목사님들이 많이 계셔서 감사하고 뿌듯했습니다.

그 외에도 이번 책에는 먹거리와 관련한 설교 한 편을 실었습니다. 뜬금없이 찾아가 음식과 관련된 설교를 찾기가 어렵다고 푸념하듯 부탁드렸는데, 그 자리에서 흔쾌히 수락해 주시고 "화평(Peace)을 이루는 식탁으로서의 '화목제'(Peace Offerings)"라는 제목의 깔끔한 설교를 보내주신 배화여자대학교 교목실장이신 전병식 목사님께도 이 자리를 빌려 다시 한번 감사드립니다.

또한 추천사를 써주신 일산광림교회 박동찬 목사님과 우양재단의 정유경 대표님께도 감사드립니다. 박동찬 목사님께서는 이번에 우리 연구소의 새 이사장이 되셨으며, 첫 사업으로 이 책을 출판하게 되어 더없이 기쁩니다. 또한 정유경 대표님께서는 추천사를 통해 약간 성기고 게으르고 느리지만, 그래서 오래도록 끈기 있게, 은근 치열하게 활동하며 사는 것이 어떤 것인지를 보여주셨습니다.

마지막으로 장미혜 사모님의 수고를 빼놓을 수가 없습니다. 사모님께서 이번에 탐방한 10곳의 전경을 직접 그려주신 덕에 이전 책보다 훨씬 더 아름답고, 볼거리가 있는 책이 되었습니다. 빠듯한 목회 일정 중에도 서둘러 그림을 그려주신 덕에 이번 책이 제때 나올 수 있었습니다.

함께 해주신 모든 이들 덕분에 이번 책의 구성과 내용이 더욱 탄탄해졌습니다. 또한 이번 책의 출판을 위해 가락중앙교회 최규환 목사님, 서강교회 임태일 목사님, 아현교회 김형래 목사님, 일산광림교회 박동찬 목사님, 제천제일교회 안정균 목사님, 청파교회 김재흥 목사님, 화정교회 박인환 목사님(가나다 순) 그리고 감리회 행정기획실 이용윤 실장님, 선교국 태동화 총무님, 서울남연회 채성기 감독님, 삼남연회 정동준 감독님, 호남특별연회 김필수 감독님, 충북연회 농촌기후환경특별대책위원회에서도 후원해 주셨습니다. 『구석구석 녹색교회 탐방 2』가 나오기까지 여러 모양으로 도와주신 모든 분께 이 자리를 통해 깊이 감사드립니다.

이 책을 읽는 여러분이 이제 우리의 동역자입니다. 기후위기 시대를 건너기 위한 생태적 걸음에 함께해 주시고, 감리교생태목회연구소에도 지속적인 관심과 후원 부탁드립니다.

#하나님나라의맛있는환대

구석구석 녹색교회 탐방 2

설교

화평(Peace)을 이루는
식탁으로서의 '화목제(Peace Offerings)'

_ 전병식 (배화여자대학교 교목실장)

설교

화평(Peace)을 이루는
식탁으로서의 '화목제(Peace Offerings)'
사무엘상 1:7-8, 17-18, 2:12-17

전병식 목사 (배화여자대학교 교목실장)

화목제를 일컫는 히브리어 '쉘라밈'은 '감사'와 '화목' 등의 뜻을 가지고 있습니다. '완전하다', '완성하다'라는 뜻을 지닌 '샬람'에 뿌리를 둔 '쉘렘'의 복수형입니다. '쉘렘'은 '평화'와 '화평', '평강'을 의미하는 '샬롬'과도 같은 뿌리를 가진 단어입니다. '쉘라밈'은 '공동의 제사(Communion Sacrifice)', '화목제(Peace Offerings)', '교제의 제사(Fellowship Offerings)' 등으로 번역되었는데, 가장 주요한 의미는 '화평과 나눔의 제사'입니다.

화목제를 통하여 먼저 하나님과 사람 사이의 불화가 종식되어 화해와 평화가 이루어지고, 다음으로 제사장과 봉헌자 사이 그리고 공동체 안에서 화목한 친교가 이루어집니다. (주로 자발적인 감사로) 드려진 희생 예물 중에 여호와의 몫으로 구분된 것은 '화제(火祭)'로 불살라 드리는데, 제물의 가슴과 뒷다리는 제사장의 몫으로 돌려지고, 나머지 제물은 성막 뜰에서 제물을 드린 자와 제사장이 함께 나누어 먹는 공동식탁이 이루어졌습니다. 제사를 통해 여호와, 제사장, 봉헌자(와 가족) 사이의 '공동의 참여'가 공동의 식사로 이어져 하나의 '완전하고', '완성된' 평화로운 관계가 이루어지는 것입니다.

'화목제'는 구약의 5대 제사 중 하나로, 제물을 먼저 하나님께 제사로 드린 후, 제사장과 제물을 드린 자가 '하나님 앞에서' 함께 나누어 먹을 수 있는 유일한 공동식사의 자리였습니다. 사무엘상 1장 4절에서 가장이자 남편인 '엘가나'가 제사를 드리고 나서, 아내들과 자식들에게 제물을 나누어 준 것은 그가 화목제를 드렸음을 암시합니다. 특히 자식을 낳지 못한 부인 한나에게는 두 몫을 주었는데, 한나에게는 오히려 그 일이 아픔과 슬픔이 곱절로 확대되는 순간이었습니다. 왜냐하면 또 다른 아내인 브닌나가 임신하지 못한 한나를 괴롭히고 업신여겨서 한나를 격분하게 하였기 때문입니다. 더구나 이런 일이 매해 거듭되었기 때문에, 남편이 자원해서 드리는 화목제가 즐겁기는커녕 일년 중 한나를 가장 괴롭고 비참하게 만드는 순간이 되었습니다. 7-8절에 보면, 이와 같은 심정과 분위기 속에서 한나는 화목제의 음식을 가족과 함께 먹지 못하고 울기만 합니다.

제사를 드리고 가족이 음식을 "먹고 마신 후에" 한나는 자리를 빠져나와 괴로운 마음에 통곡하며 서원 기도를 드립니다. "아들을 주시면" 그 아이의 한평생을 여호와께 드리고, 경건한 나실인으로 키우겠다고 서원합니다. 한나의 기도가 얼마나 간절했는지 제사장 엘리는 그녀가 술에 취한 것으로 오해할 정도였습니다. 한나의 딱한 사정을 들은 엘리 제사장은 제사장으로서 한나에게 여호와의 '평안'과 한나가 "기도하여 구한" 간구를 하나님께서 허락하시리라는 축복을 빌어줍니다.

제사장의 축복을 받음으로 기도 응답의 확신을 가진 한나는 비로소 가족에게 돌아가 음식을 먹고, 얼굴에서 근심의 빛이 사라지게 되었습니다. 자신을 괴롭게 했던 브닌나와 화해했는지는 성경에 나타나 있지 않습니다. 하지만, 한나는 지난날 괴로웠던 자신의 감정을 털어내고 화해의 마음으로 가족과 함께 감사와 즐거움, 평안함으로 가득한 식탁에 앉았을 것입니다. 이처럼 화목제의 공동식사는 가족의 식사로 마무리됩니다.

오늘날 시대의 습속과 개인의 형편에 따라 '혼밥', '혼식'이라는 개인 식탁이 유행이라고는 하지만, 아직 우리에게 가장 기본적인 식사는 가족과 함께하는 공동식탁에서 이루어집니다. 가장 가까운 가족과의 식사는 평안함과 즐거움이 함께하는 사랑과 평화의 식탁이 되어야 합니다. 그러니 먼저 가족 사이의 갈등과 분쟁이 기도와 축복을 통해 화해와 화평으로 변해서 화목한 식탁이 되어야 합니다. 기독교인 가족의 공동식사는 먼저 하나님께 드리는 감사와 화해 그리고 서로의 평안을 비는 기도, 즉 화목제의 모습으로 시작해야 합니다. 특히 하루를 시작하거나 마감하는 기독교인 가정의 아침과 저녁의 공동식탁은 늘 화목제로서의 식사가 되도록 애써야 합니다. 그러기 위해서 식사 전에 드리는 가족 공동기도문을 마련해서 함께 기도문을 읽은 뒤에 잠시 각자의 기도를 드리고, '아멘'으로 맺는 '가족 공동식탁 기도문'을 정하는 것도 추천해 볼만 합니다. "하나님, 하루의 시작(마감)을 함께하는 우리 가족의 식탁에 화평과 화목의 축복을 내려 주시기를 바랍니다."라는 정도로 말입니다.

그러나 가족식탁의 자리가 늘 이렇게 화평과 화목의 자리가 될 수 있는 것은 아닙니다. 이제 거룩한 제사 음식을 망가뜨린 "행실이 나빠 여호와를 알지 못했던(무시했던)" 불량자인 엘리 제사장의 아들들의 식탁에 대해 살펴보겠습니다. 엘리의 아들들은 제사장이라는 특권과 축복을 자신들의 욕심을 채우는 수단으로 남용했습니다. 누군가가 제사를 드리고 난 후 고기를 삶고 있으면, 사환을 시켜 솥에 갈고리를 찔러 넣고는 걸려 나오는 좋은 고기를 먼저 취해서 자기들 몫으로 가져갔습니다. 이런 일이 그들에게는 하나의 권한으로 습관이 되었습니다. 종교 지도자가 취할 수 있는 악습의 전형입니다.

이에 더하여서 엘리의 아들들은 하나님께 드려야 하는 고기(제물) 기름을 태우기 전에 날고기를 요구하기도 했습니다. 기름이 있는 고기는 구워 먹으면 가장 맛있는 부위입니다. 엘리의 아들들은 자신들의 입맛을 위해서 고기 기름을 태워 하나님께 바치기 전에 자기들이 먼저 먹으려고 강제로 빼앗아 갔습니다. 그들의 식탁에 하나님은 없었고, 오로지 자신들의 입맛만이 중요했습니다. 그들은 여호와께 드리는 제사를 가볍게 여겼으며, 심지어 제물에도 함부로 손을 대었습니다. 이러한 죄는 레위기 7장 25절의 율법에 따르면, 죽을죄를 지은 것입니다. 이들의 식탁에는 제사장이라는 권한 아래 이루어지는 탐욕만이 있을 뿐이었습니다. 결국 엘리의 두 아들 홉니와 비느하스는 언약궤를 빼앗긴 블레셋과의 전투에서 죽임을 당하고 말았습니다. 하나님께는 불충하고, 백성들에게는 악습과 악행을 저지르면서, 하나님을 무시하는 식탁은 곧 불화와 패망에 이르는 길이 됩니다.

당시 근동에서 고기는 귀한 음식이어서 식탁에 고기가 올려지는 것은 일종의 사치로 여겨졌습니다. 한나와 엘가나가 드렸던 제물 또한 당시로서는 상당히 사치스러운 음식이었습니다. 그러나 한편 어찌 생각하면, 화목제는 하나님께 감사의 제물도 드리고, 비싼 음식도 마음의 부담을 내려놓고 먹을 수 있는 즐거운 가족 식사의 기회였을 것입니다. 아마도 할 수만 있다면, 하나님께 자주 화목제를 드려 감사를 표현하는 '신앙적' 풍요와 제사음식을 나누는 '실제적' 풍요를 누리고 싶었을 것입니다.

이러한 화목제의 의미는 신약성경에서 '최후의 만찬' 즉, 성찬과 연결됩니다. 그래서 그리스도인들이 누릴 수 있는 최고의 식사는 그리스도께서 자신의 피와 살을 식탁의 재료(제물)로 내어놓으신 바로 그 공동체의 식사입니다. 그러므로 초대교회의 공동식사는 화목제의 정신이 확장된 것이라고 할 수 있습니다.

신약성경에서 화목제를 적극적으로 적용한 사례는, 특히 요한일서 4장 10-11절에서 살펴볼 수 있습니다.

> "사랑은 여기 있으니, 우리가 하나님을 사랑한 것이 아니요,
> 하나님이 우리를 사랑하사 우리 죄를 속하기 위하여
> 화목제물로 그 아들을 보내셨음이라.
> 사랑하는 자들아, 하나님이 이같이 우리를 사랑하셨은즉,
> 우리도 서로 사랑하는 것이 마땅하도다."

이 말씀은, 그리스도께서 화목제물이 되셔서 인간에 대한 하나님의 선제적인 사랑으로서 화평을 보이셨으니, 인간들이 서로 사랑으로 화목한 것이 마땅하다고 말함으로써, 화평과 감사라는 화목제의 성격을 사랑으로 확장하고 있습니다.

제물, 곧 음식을 통하여 하나님께 대한 신앙을 고양하고, 가족이 평안함을 누리며, 경제적인 번성 등을 향유하고 싶은 '화목제'는 이스라엘 백성들이 바라는 화평의 최고 형태였을 것입니다. 이 식탁을 통하여 하나님과 인간 사이의 화평, 제사장과 일반 신도 그리고 가족 등 인간 사이의 평화를 누리게 하는 화목제의 의미와 실천을 현재적이고 적극적으로 적용하는 것은, 오늘날 우리가 그리스도의 이름으로 벌이는 식탁의 축제들, 예를 들면 성찬과 애찬, 공동식사, 굶주린 이들을 위한 나눔과 베풂의 식사 등이 어떠해야 할지를 우리에게 다시 한번 알려 줄 수 있을 것입니다.

구석구석 녹색교회 탐방 2

먹거리로
환대의 삶을
열어가는 교회들

Story_1

함께 먹는 일의 힘
커피마을 (참포도나무교회)

제가 바라는 건 많은 이들이 저희의 음식을 경험하는 거예요.
저는 우리 카페의 커피와 와플 맛을 자부해요. 저는 이 사역으로 수익도 내고,
매출도 많이 올려요. 하지만 그것이 끝은 아닙니다. 올린 매출로 응원이 필요한 곳,
돌봄이 필요한 곳으로 심방을 갑니다. 자살 방지 캠페인에도 참여하고,
도움이 필요한 교회도 가고요. 말하자면 '달려라, 사회적 심방'을 하는 거죠.

별것 아닌 것 같지만, 도움이 되는

레이먼드 카버의 단편소설 「별것 아닌 것 같지만, 도움이 되는」에서 빵집 주인은 주문받은 케이크를 찾아가지 않는 하워드와 앤에게 줄곧 전화를 건다. 케이크를 찾아갈 날이 한참 지나도록 찾으러 오는 사람이 없다. 무슨 일이 있는 걸까? 케이크에 쓰인 문구는 '스코티'. 하워드와 앤의 아들 이름이다.

계속된 통화 시도, 결국 부부가 빵집에 왔다. 그리고 앤은 빵집 주인 앞에서 감정이 폭발했다. "우리 아들은 죽었어요." 불의의 사고로 인한 쇼크 상태에서 깨어나지 않는 아들을 간호하다 끝내 아이를 떠나보낸 직후였다. 그런 사정도 모르고 연신 그들을 성가시게 했던 전화벨 소리. 예상치 못한 앤의 말에 적잖이 당황한 주인은 긴 정적 끝에 이렇게 답한다.

"내가 얼마나 미안한지는 하느님만이 아실 거요. 내 말을 잘 들어요.
나는 빵장수일 뿐이라오. 다른 뭐라고는 말하지 못하겠소. …
진심으로 미안하게 됐습니다.
자제분에게 일어난 일은 안 됐다고 생각합니다."
그리고 이어지는 말,
"나는 못된 사람이 아니오. 적어도 그렇다고 생각합니다. …
요약하자면, 더 이상 어떻게 행동해야 할지 나도 모르겠다는 걸 알아줬으면, 뭐, 그렇다고나 할까요.
부탁이오. 나를 용서할 마음이 생기는지 여쭤봐도 되겠소?"

따뜻한 분위기와는 어울리지 않는 비통과 절망으로 가득 찬 빵집 안, 주인은 지금 자신이 할 수 있는 일이 무엇인지 발견하고는 부지런하게 움직인다. 커피를 내리고, 갓 구운 롤빵을 준비해 앤과 하워드에게 가져갔다. 이윽고 빵집 주인은 하워드와 앤을 그가 준비한 음식으로 초대한다.

"아마 제대로 드신 것도 없겠죠. 내가 만든 따뜻한 롤빵을 좀 드시지요.
뭘 좀 드시고 기운을 차리는 게 좋겠소.
이럴 때 뭘 좀 먹는 일은 별것 아닌 것 같지만, 도움이 될 거요."[1]

애써 묻거나 알려고 하지 않으면, 우리는 좀처럼 다른 사람의 아픔과 비통함을 알기 힘들다. 남의 속사정보다는 내가 하고 싶고, 해야 할 일에 열중하면서 산다. 교회 현장에서도 종종 그런 태도와 모습을 접한다. 귀 기울여 듣기보다 효과적으로 말하기에 집중하고, 다양한 삶의 흔적을 읽기보다 준비한 원고가 제대로 읽히기를 원하는 태도. 그러다가 마주하는 위기 상황 앞에서 어찌할지 몰라 분투하고, 실수하는 상황들. 빵집 주인처럼 내놓을 빵과 커피도 없으니 내가 할 수 있는 것이라곤 정말 '기도하겠다'라는

---

[1] 레이먼드 카버, 「별것 아닌 것 같지만, 도움이 되는」, 『대성당』, 김연수 옮김 (서울: 문학동네, 2014), 126-7.

말밖에 없을까. 나는 빵집 주인과 같은 상황에서 "별것 아닌 것 같지만 도움이 되는" 무엇인가를 내놓을 수 있을까.

〈커피마을〉의 드립커피가 완성되기까지 필요한 것들 : 물, 드리퍼, 원두, 알맞은 잔

나이테에 새겨진 흔적

경기도 고양시 일산동구의 한적한 골목 어귀, 동네 카페 〈커피마을〉과 〈참포도나무교회〉 간판이 나란히 걸려 있다. 교회 간판을 보니 뭔가 많이 적혀있다. '가나예배당, for Les Misérables, 참포도나무교회.' 교회를 개척

했을 때부터 그 공간은 '비참한 사람들을 위한' 장소임을 염두에 두었단다. 그 옆에 아담하게 자리한 카페 〈커피마을〉도 모든 인테리어가 나무로 되어 있어서인지 단아함이 물씬 풍겼다.

참포도나무교회의 담임이자, 〈커피마을〉의 사장 안준호 목사는 이 자리에 카페와 교회를 시작하면서 손수 테이블과 의자, 수납장을 만들었다. 그가 하나씩 소개해 준 가구들은 그의 물성 있는 기도이자, 그가 삶과 목회를 대하는 태도의 결과물이었다. 그가 처음 만들었다는 작은 의자부터 찻장까지 결 따라 매만져 보다가, 문득 그의 연륜(나이테)이 궁금해졌다.

나이테는 나무 속에 새겨진 일평생의 흔적으로, 나무는 외부의 힘으로 옮겨지지 않으면 뿌리 내린 땅에서 평생 자란다. 그래서일까. 켜켜이 새겨진 나이테는 단순히 나이를 알려 주는 띠를 넘어서 한 곳에 뿌리내리고 꿋꿋이 지켜온 인내와 기다림의 흔적이라는 표현이 더 자연스럽다. 처음 만난 안 목사의 얼굴에서도 꼭 그런 흔적이 엿보였다. 교회를 취재하러 갔지만, 목사 안준호의 삶의 여정이 더 궁금해졌다.

〈참포도나무교회〉 예배당에서 안준호 목사

"신학교에 처음 들어가서 제가 그동안 알고 있던
확고한 세계가 완전히 무너졌어요.
교회를 열심히 다녔죠. 그래서 간 신학교인데
거기서 처음 느낀 이상하고 낯선 세계에 무력해진 거예요.
그래서 공부도 안 하고, 학교도 지각하고, 야전상의 아시죠?
그것만 입고 맨날 시집만 읽고 다녔어요.
제 신학 여정은 그렇게 시작되었습니다."

신학교에서 배우는 신학과 그동안 축적된 신앙 경험의 불일치, 현실과 이상의 엇갈림은 그를 자꾸만 방황하게 했다. 입대 후 군대에서 만난 목사님을 통해 신앙을 회복하는 듯했지만, 복학해서 마주한 학내사태와 여러 문제들은 그를 자꾸만 씁쓸하게 했다. 공부라도 제대로 해보고 싶어서 들어간 신학 학회에서 배운 포스트모던 철학이 그를 더 불온하게 만들었다.

"데리다, 푸코, 라캉, 이름만 들어도 어려운 학자들을 배우면서
제 안의 모든 것이 무너졌어요.
내가 그동안 사랑이라고 생각했던 것이 결핍의 언어일 수 있겠구나,
또 욕망과 사랑은 어떻게 구분할 수 있는 것이지?
제 믿음이 다 허상일 수도 있겠다는 생각에
안 그래도 교회에 불만 가득했던 제게 더 큰 방황이 시작되었던 것이죠.
그야말로 존재의 불일치가 계속 체감되었던 것 같아요."

안 목사의 청춘은 열병 그 자체였다. 믿음과 신앙, 사역이 얽혀 만들어 내는 존재의 불일치, 가장 혼란스러운 시기에 맞닥뜨린 경제적 위기(IMF)는 결국 안 목사가 신학교와 목회 현장이 아닌 다른 삶을 살아가는 선택을 부추겼다. 도망치듯 떠났지만, 아이러니하게도 현실적으로 삶은 나아졌다. 남대문과 동대문에서 문구 유통을 하면서 경력을 쌓았고, 결국 문구업계에서 이름난 외국계 회사 도매 유통 담당자로 일했다.

"2년 안에는 끝날 줄 알았는데, 1997년부터 2004년까지 8년 동안
직장생활을 했어요. 업계에서도 나름 인정을 받았어요.
연봉은 당시 대기업 수준이었고, 만족감도 있었습니다.
동시에 자비량 봉사하는 마음으로 전도사로도 사역했는데,
우여곡절이 많았죠.
교회에서의 불화, 오해, 예기치 않은 갈등이 있었어요.
사회에서보다 교회에서 억울함, 복수심을 느꼈던 때였던 것 같습니다.
좋은 교회를 만나서 신앙을 회복했던 것은 다행이었습니다.

그러던 차에 장모님께 연락이 왔습니다.
'전도사님, 계속 그렇게 살다 보면 영원히 하나님을
떠나게 될 것 같아요.'"

영원히 하나님을 떠나게 된다는 말, 긴 방황과 혼란스러운 상황 끝에 시작한 직장생활도 안정되고 있고, 사역도 소신껏 하고 있던 안 목사에게 또

다른 도전을 일으키는 말이었다. 남들의 기도나 조언은 잘 믿지 않았지만, 장모님의 한마디에 그는 자신이 '떠나온 탕자'임을 깨닫고, 교회를 개척하기로 결심했다.

"내가 하나님으로부터 떠났구나. 그러니까 탕자가 떠올랐어요.
조급해지기도 했고, 불안하기도 했는데,
또 몸도 이상해지기 시작해졌습니다.
다한증, 겨울에도 수건을 갖고 다닐 정도로 땀이 많이 나고….
제 인생에 새로운 시련과 도전이 찾아온 것이죠. 그래서 다 내려놨어요.
다 내려놓고 그때부터 교회 개척을 준비했습니다.
그때가 2004년 2월 1일이었어요."

그의 삶은 계속되는 소명에 대한 식별, 반응 그리고 응답의 연속이었다. 개척을 준비하는 동안에도, 개척 교회에서 담임자로 사역하는 동안에도 그는 소명자로서 단련되고 있었다. (당시에는 교단법상 개체교회 담임과 대학원 과정을 병행할 수 있었다.) 목회 사역과 함께 입학한 감신대 대학원에서 그동안의 방황(?)의 시간을 되갚기라도 하듯 열심히 공부했다. 걸어 다니면서 책을 보고, 수업마다 질문을 하면서 교수들을 곤란하게 만들었다. 성적도 잘 받아서 장학금도 받았다. 돌아온 탕자의 자신감은 누구도 따라올 수 없었다. 사역에도 자신감이 붙었다. 조금만 잘하면 금방 교회가 부흥될 것 같아서 그동안의 경험을 살려 다양한 전도 방법도 써봤다. 그런데 거기서부터 새로운 도전이 그에게 찾아왔다.

"마케팅을 해봤던 사람이니까 노란 텐트를 맞추고,
거기에서 직접 농사지은 옥수수를 삶아서 5개씩 넣어 나눴어요.
어림잡아 2천 박스, 만 개 정도의 옥수수를 그렇게 나누며 전도했어요.
김장 김치도 이천 포기를 준비하고, 콘서트도 열고,
공부를 열심히 해서 받은 장학금도 전액 전도하는데 썼죠.
어떻게 되었을까요?
한 명도 교회에 찾아오는 사람이 없었어요.

심지어 엎친 데 덮친 격으로 설교를 해야 하는데,
말이 제대로 나오지 않는 거예요.
말을 더듬기 시작하고….
그러던 어느 날, 그래도 애써서 설교하는데
어디선가 이런 장면이 앞에 펼쳐졌습니다."

나를 걷게 한 한 마디, "너나 똑바로 살아."

한 시간 남짓 이어진 안준호 목사와의 대화는 마치 등산 같았다. 그의 삶은 마치 굽이진 봉우리 하나를 오르면 가파른 계곡이 펼쳐지고, 계곡을 빠져니오면 다시 오르막이 펼쳐지는 산행 같았다. 그는 뚜벅뚜벅 그 길을 오르고 내렸다. 자신감은 온데간데없고, 내면의 소리는 그를 자꾸만 윽박질렀지만, 안 목사는 계속 걸어갔다.

"'너나 똑바로 살아.
너부터 성경을 제대로 읽지도 배우지도 않는데, 누구를 가르치려 들어.'

이런 말들이 제 안을 관통할 때면,
거룩한 사람이라고 착각했던 제가 한없이 작아졌어요.
교인들에게는 속마음 들키지 않으려고 엄청 애쓰기도 했죠.
허탈하고 괴로웠어요. 그때부터 걷기 시작했어요.
아니, 몸이 시키는 대로 본능적으로 걸었어요.
살기 위해서 걸었던 것 같아요.

숲길로 나아가는 동안,
'그동안 내가 계획한 대로 살았구나, 내 멋대로 살았구나'라는 성찰이
저를 이끌었던 것 같아요.
이따금 부는 바람은 성령의 바람처럼 느껴지고요.

그때부터 복음의 대화가 시작되었습니다.
그렇다고 모든 일이 수월하게 풀린 것은 아니었지만,
좋은 목사가 되기를 바라시는 하나님의 바람에 순명하기로 하고
나아갔어요."

이후로도 진급과정에서의 유급, 아내의 피아노 학원 개원으로 인한 휴식 등으로 아슬아슬한 여정을 이어가다가, 지금 이곳 일산에 자리를 잡아 목회를 시작했다. 마을에 들어와 처음 한 일은 마을 구석구석 떨어진 은행잎 쓸기였다. 아침마다 거리를 쓸고 있으니, 전도하려고 노력했던 사람들

〈커피마을〉 한쪽을 가득 채운 안 목사의 책은 그의 삶과 많이 닮아있다.

과 자연스럽게 물꼬가 트이고, 동네 사람들과도 친구가 되기 시작했다. 그들과 가까워지고 마을에 적응하면서, 안 목사는 다사다난했던 지나온 여정 끝에 그가 할 수 있는, 해야 하는 목회를 스케치할 수 있게 되었다.

"문득 초등학생 때 만났던 교회 목사님과 전도사님이 떠올랐어요.
 가정환경이 좋지 않았는데도 그때를 떠올리면 즐겁고 행복했거든요.
 그분들 때문이었죠. 거기서 제가 할 수 있는 목회 방향을 잡을 수 있었어요.
'마을교회 목사.'
 제가 하지 못하고 하기 싫은 일 말고,

할 수 있는 일을 하면서 살면 되겠다는 마음이 처음 들었어요."

'너나 똑바로 살아'라는 한 마디, 삶을 관통한 수많은 회의와 질문들 끝에서 그는 자기만의 목회 방향을 세우고, '한 시간 학교' 사역을 시작했다. 기독교교육을 배우면서 알게 된 '한 시간 학교'는 한 시간만으로도 아이들의 삶에 보탬이 되는 다양한 것들을 배울 수 있다는 가치를 표방한다. 안 목사는 동네 실력자들을 불러 모아서 학교를 시작했다. 공방지기, 피아노 강사를 섭외하고, 틈만 나면 아이들과 숲을 걸으며 아이들을 돌봤다. 아이들이 삼삼오오 교회에 모였고, 그들을 통해 안 목사 자신도 이미 경험했던 사회적 관계와 지지의 중요성을 강하게 느꼈다.

사회적 돌봄을 제대로 받지 못해 주눅 들고, 취약한 관계망 속에서 방황하는 아이들이 식탁공동체의 어엿한 일원이 되었다. 그들의 온전함과 존엄을 지키기 위해 재정적으로 큰 도움을 받을 수 있는 구청 지원도 멈췄다. 대신 아이들과 지속할 재정적 여건을 마련하기 위해 카페 개업을 구상하고, 시도하기로 했다.

목수가 되고 싶은 목사

"매일 아이들과 같이 살았어요.
저희 아이도 없었을 때라서 밥도 먹고, 커피도 마시고,
다도 수업도 하면서 계속 같이 지냈어요.
거의 매일 한 시간 동안 밥을 먹는데,
자기들이 경험한 얘기, 가까운 가족에게도 하지 못하는 얘기를
저희한테 다 하는 거죠.

관계가 형성되니 아이들 얼굴이 점점 밝아졌어요.
덩달아 이 공동체가 소중해졌고,
이 식탁공동체를 어떻게 이어갈 수 있을까 하는 고민 끝에
카페를 열어 수입을 낼 생각을 하게 되었습니다."

2008년부터 이어진 공사 끝에 2010년 4월, 6평 남짓한 공간은 카페 〈커피마을〉로 탈바꿈했다. 공사 중간에 문제가 생겨 업체 대신 안 목사가 손수 공사를 이어갔고, 그때 만든 가구들이 지금까지 곳곳에서 쓰임새 있게 사용되고 있었다. 가구들뿐만 아니라, 안 목사 자신도 어엿한 목수이자 목사로서 동네에서 없어선 안 될 존재가 되어가고 있었다. 동네와는 어울리지 않는 카페의 등장에 마을 사람들이 하나둘 카페를 찾았고, 그들과의 대화 시간이 늘어갈수록 안 목사는 그동안 자신이 경험하고, 마음에 새긴 복음

의 대화를 다른 사람들과도 하기 시작했다.

"여러 사람을 만났죠.
다양한 모습으로 살고 있던 사람들이었습니다.
그들에게 다짜고짜 예수님을 믿으라고는 말하지 않았고,
사실은 못 했어요. 대신 이렇게 말을 건넸죠.

'신앙을 가지면 조금 낫다.
나는 예수를 믿는데, 그럼, 삶이 조금 낫다.'"

안 목사의 진솔함이 통한 걸까. 카페와 교회는 차츰 자리를 잡아갔고, 그를 휘감았던 내면의 외로움, 트라우마도 하나둘 회복되어 갔다. '한 시간 학교'에서는 아이들을 돌보고, 카페에서는 바리스타로, 틈이 나면 목수로, 그리고 주일에는 목회자로 살아가는 삶에서 감사함을 느꼈다.

"사람들이 지나가면서 '아저씨, 목수요?' 하고 물어봐요.
그럼, 제가 말씀드리죠.
'아니요, 목수가 되길 바라는 목사입니다.'
이렇게 말하면 그분이 이러고 지나가요.
'젊은 목사님, 괜찮네.'
제가 처음 들은 '괜찮은 목사'라는 말이었어요."

동네에서 이상하지만 괜찮은 '목사'가 되니, 어엿한 예배 처소도 필요해졌다. 그렇게 세워진 'for Les Misérables', 전치사 'for'에 담긴 철학적인 목적과 욕망의 관계를 뒤집어, 새로운 '목적'을 세우고 예배 처소를 마련했다.

"for Les Misérables, 비참한 사람들을 위한 공간이길 바랐어요.
때마침 루시드 폴이라는 가수의 4집 앨범 제목도 'Les Misérables'
이었는데, 거기 보면 외국인 노동자, 소년소녀 가장, 노인, 유기견
문제같이 사회의 사각지대에 있는 존재들을 위해 부른 노래가
담겨 있어요.

여러모로 '레 미제라블'이라는 표현이
하나님의 형상을 회복하는 예배당이 되기를 바라는 마음과
잇닿아 있었기 때문에 짓게 되었죠."

가나예배당, for Les Misérables

안준호 목사의 '별것 아닌 것 같지만, 도움이 되는'

2014년, 안준호 목사가 기도하는 마음으로 비참한 이들을 위한 예배 처소를 마련하던 해는 대한민국 국민 모두가 허망하고, 비참함에 사로잡혔던 시기였다. 2014년 4월 16일, 세월호 참사. '비참한 이들'을 위한 사역을 감당하던 안 목사도 당연히 그 슬픔에 이끌려 팽목항으로 떠났다.

> "처음엔 자전거를 타고 팽목항에 가려고 했어요.
> 그러다가 너무 위험해서 기차로 목포까지 갔고,
> 거기서 택시로 진도대교로 이동했죠.
> 진도대교에서 팽목항까지는 밤새도록 걸었어요.
> 차마 차를 타고 거기까지 갈 수는 없겠더라고요.
>
> 그렇게 팽목항에 도착한 날이 4월 23일이었어요.
> 하필 그날이 아이들이 뭍으로 많이 올라오는 날이었어요.
> 5분에 한 대씩 구급차가 들어오고⋯.
>
> 저만의 사과, 미안함의 의식을 해야겠다 싶어서
> 커피와 초콜릿을 뿌리면서 기도했습니다.
> 누구도 사과하지 않는 현실이 비참해서,
> 국민의 한 사람으로 저라도 사과해야겠다고 생각했어요."

그 이후 안 목사는 또 한 번의 삶의 전환을 겪게 된다. 2014년 세월호 참사 이후, 생존한 아이들을 위한 바리스타 멘토링을 이어갔다. 멘토링을 제대로 하고 싶어서 커피차를 제작했다. 오랫동안 이들과 함께 바리스타 교육도 하고 팥빙수도 만들어 먹으면서, 허망하고 공허한 이들의 마음 구멍을 조금씩 메워 갔다.

"함께 먹는 일에는 어떤 힘이 있는 것 같아요.
그래서 그렇게 커피차를 만들어 아이들과 커피도 만들고,
팥빙수도 만들어 먹었던 거죠.
그날 세월호에 탄 아이들이 제주도에 못 갔잖아요.
저는 살아남은 아이들이 제주도까지 가야 한다고 생각했어요.
일본 영화 '안경'의 한 장면처럼,
아이들이 제주도에 가서 제주 바다에서 팽목항을 바라보면서
팥빙수 한 그릇 먹었으면 좋겠더라고요.
그 이야기를 하니까 아이들은 온통 '울음바다'였죠.

저한테 이 사역은 그런 힘에 이끌린 일인 것 같아요.
팥빙수는 마치 함민복 시인의 시 〈눈물은 왜 짠가〉에 나오는
설렁탕, 깍두기 같은 음식이었어요."

안 목사는 세월호 참사에서 생존한 아이들을 위한 커피차 활동, 생존자와 희생자 부모들을 위한 멘토링 사역을 2018년까지 매주 이어갔다. 그렇

게라도 비참함에 허덕이는 이들에게 도움이 되고 싶었다. 커피, 팥빙수, 와플은 그가 이들에게 건네준 '커피'와 '따뜻한 롤빵'이지 않았을까.

사회선교를 '사회적 심방'이라고 표현하는 안 목사는 그만의 '별것 아니지만, 도움 되는 일'을 위해 여전히 발로 뛰고 있다. 〈커피마을〉은 어엿한 동네 카페로 자리 잡아 교회 청년이 바리스타로 일하고 있고, 목공 실력도 완숙해져서 여러 학교에서 강의도 하고, 카페 건너편에는 작은 〈마을 목공소〉도 만들었다. 커피차 사역은 사업적으로도 확장되어, 〈달려라, 커피〉라는 어엿한 커피차 브랜드로 전국 방방곡곡을 다니고 있다.

> "제가 바라는 건 많은 이들이 저희의 음식을 경험하는 거예요.
> 저는 우리 카페의 커피와 와플 맛을 자부해요.
> 저는 이 사역으로 수익도 내고, 매출도 많이 올려요.
> 하지만 그것이 끝은 아닙니다.
>
> 올린 매출로 응원이 필요한 곳, 돌봄이 필요한 곳으로 심방을 갑니다.
> 자살 방지 캠페인에도 참여하고, 도움이 필요한 교회도 가고요.
> 말하자면, '달려라, 사회적 심방'을 하는 거죠."

〈커피마을〉 건너편 목공소.
마을 사람들과 의자, 테이블 등
작은 가구를 제작한다.

그리스도인이란 누구인지를 우직하게 물으며, 부딪치고 살아내는 안준호 목사. 지금도 그만의 고유한 알아차림과 배움을 통해 그리스도인으로의 여정을 저벅저벅 이어가고 있다. 그동안 "산다는 일은 더 높이 오르는 게 아니라 더 깊이 들어가는 것"을 배웠고, 여전히 "단숨에 오를 수도 있는 높이를 길게 길게 늘여진"(나희덕, 〈속리산에서〉) 길을 걷고 있다.

인터뷰를 마무리하면서 그에게 지금하고 있는 일(직업)이 몇 가지인지 물어봤다. 목사, 목수, 바리스타, 커피 로스터, 시간강사, 유튜버, 작가, 칼럼니스트, (종종) 퀵서비스 라이더. 여기에다가 이중직 목회를 희망하는 이들을 위한 코디네이터 역할도 하고 있다고 한다. 그날 오후에는 큰 수술을 받는 장로님을 위해 병원 근처에서 퀵서비스 라이더로 일하면서 기도할 것이라는 마지막 말까지 인상적으로 기억될 안준호 목사. 카페를 나오면서 그의 삶과 사역이 마치 그가 만든 가구처럼, 거친 나무가 매끄러운 물성있는 존재로 변해가는 과정 같았다.

돌아오는 길에 안준호 목사 개인이 아니라, 〈참포도나무교회〉를 소개하는 취재가 목적이었다는 사실이 뇌리를 스쳤다. 녹취된 인터뷰 자료를 들어봐도 안준호 목사의 인생 이야기가 대부분이다. 다시 인터뷰해야 하는지를 고민하는 순간, 그의 인생 이야기가 곧 교회의 흔적이라는 것을 알아차렸다. 한 사람의 인생이 고스란히 교회의 나이테가 되어가는 여정 속에서 교회가 나아갈 새로운 갈래를 그려본다. 이 글을 통해 〈참포도나무교회〉가

오롯이 소개되었길 바라며, 언제나 씩씩하게 '길을 내는' 목회자 안준호 목사와 〈참포도나무교회〉를 위해 기도한다.

커피마을의 〈달려라, 커피〉 차량

#카페 #청년일자리 #마을공동체

참포도나무교회, 커피마을, 달려라 커피 /
경기도 고양시 일산동구 호수로 446번길 66-11

Story_2

커피로 그리스도의 향기를

까페 외할머니(등불교회)

동네 사람들은 어려운 일이 있으면 다 나한테 와서 뭐라고 해요. 동네 목사죠 뭐.
심지어 핸드폰 고장 나도 나한테 와요. 보청기 고장 났다고 오고.
어떤 때는 자기 아들 땜에 힘들다고 2시간을 한풀이 하다 가요.
나도 힘든데 정신이 하나도 없어요. (웃음)
어디 가서 얘기하면 말거리가 되니까, 나한테 하는 거죠.

점점 무더워지던 2023년 6월. 1호선 부개역에서 내려 〈등불감리교회〉와 〈까페 외할머니〉를 향해 걸었다. 평소 커피를 즐겨 마시지만, 생각해 보니 동네 까페는 이용해 본 적이 거의 없다. 사람들이 흔히 가는 이름있는 곳 혹은 특별히 '싼' 곳을 무의식적으로 찾았을 뿐이다. 어쩌다 '별다방'을 가기도 했다. 그런데 〈까페 외할머니〉라니, 필자의 삶에 뭔가 새로운 국면이 열릴 것 같은 기분이었다.

십분 쯤 걸었을까. 이윽고 도착한 교회와 까페는 같은 공간에 두 개의 간판을 달고 있었다. 평시에는 까페, 예배가 있을 때는 교회였다. 김헌래 목사가 정겹게 환대해 주었다. 소탈한 모습과 분위기에 마음이 따뜻해졌다. 도착한 시간은 마침 밥때였고, 인터뷰 자리에 동행해 준 김경환 목사(동녘감리교회)와 더불어 교회 바로 앞 식당에서 저녁을 함께했다. 두서없는 대화가 오갔는데, '한국기독교연구소'의 책을 즐겨 읽는다는 김헌래 목사의 말이 인상 깊게 다가왔다. 졸업한 지 수십 년이 지났음에도 여전히 신학책을 읽는 목사가 반가웠다고나 할까. 그래서인지 돼지고기볶음이 더 맛있게 느껴졌다.

〈등불교회〉와
〈까페 외할머니〉 전경

그러면, 우리가 까페를 만들어 봅시다

식사를 마치고 까페로 돌아온 우리는, 김 목사가 내린 커피를 시음하는 것으로 본격적인 이야기를 들을 수 있었다. 김현래, 그는 기독교대한감리회 등불교회의 담임목사다. 신촌 인근의 대신감리교회에서 부목사 사역을 마친 후, 2011년 11월 이곳에 부임했다. 그때는 부평구 부개동이 아니라, 부평구 일신동의 상가에 교회가 있었다. 사택에 난방도 제대로 되지 않는 열악한 곳이었다. 아내와 3명의 어린 자녀들은 어떤 마음이었을까? 물론 김 목사 자신이 가졌을 무게감도 적지 않았을 것이다. 당시 교인들은 10명 정도였고, 대부분 노인이었다. 지금도 비슷한 규모인데, 그동안 새로운 교인이 와도 그사이 소천하는 분들이 계셨기 때문이다. 부임 당시 식사도 잘하고 그저 '숨만 쉬었는데도', 한 달 만에 10킬로가 빠졌다고 했다.

첫 심방을 한 교인은 '68세' 권사님이었다. 권사님의 남편은 건강이 매우 좋지 않았고, 그래서 일자리가 절실한 상황이었다. 얼마 전 노인 일자리를 위한 바리스타 교육을 받으러 갔는데, '60대 초반'에게 밀려 기회를 얻지 못했다는 딱한 사정을 들어야만 했다. 그런 경우 목사는 대개 '기도하겠습니다'로 응답할 것이고, 그 말은 진심이다. 실제로 그 문제를 놓고 기도할 것이기 때문이다. 하지만 놀랍게도 김현래 목사는 기도 이상으로 반응했다. "그러면, 우리가 까페를 만들어 봅시다." 〈까페 외할머니〉가 출범하는 순간이었다. 그의 믿음이 '말'을 넘어 구체화되는 주님의 시간이었다.

(좌) 김현래 목사의 '작품' (우) 〈까페 외할머니〉 전경

주식회사 〈까페 외할머니〉

그런데 문제는 돈이었다. 수중에는 천만 원뿐이었는데, 창업하려면 수천만 원이 필요했다. 하늘이 도왔을까. 마침 행정안전부에서 추진하는 '마을기업' 프로그램이 있었다. 마을공동체 안의 재화와 인력으로 마을 사람들이 수익을 창출하는 기업을 '마을기업'이라고 하는데, 2012년 당시 최대 5천만 원을 지원받을 수 있는 큰 사업이었다. 김 목사는 곧장 지원했다. 그때가 2012년 2월이었다.

우선 부평구청의 심사를 통과하고, 인천시청에서 최종 심사를 통해 결정하는 구조였다. 심사 조건은 그동안의 사업실적, 함께하는 공동체, 사업장소, 법인설립 여부였다. 일반 교회로서는 난감한 조건들이었다. 하지만 김 목사는 적극적으로 제안서를 준비했다. 우선 공동체는 교인들로 구성했다. 사업실적은 '노인 일자리 창출'이라는 명분을 내세웠다. 남은 문제는 사업 장소였다. 이런 걸 믿음이라고 하던가. 김 목사는 교회 근처 철물점에서 창고로 쓰던 8평 건물을 사용하겠다며, 사진을 찍어 제출했다. 캄캄하고 외진 창고였다. 철물점 사장에게 아직 이야기도 하지 않은 상황이었다. 끝으로 지원금을 받을 법인통장이 필요했고, 법무사를 통해 '주식회사 까페 외할머니' 법인을 만들게 되었다. 주님께서 김 목사의 믿음과 열정을 보셨는지, 감사하게도 구청 심사는 무난하게 통과할 수 있었다.

하지만 이제는 시청 심사가 걱정이었다. 구청보다 까다롭게 심사할 것이기 때문이었다. 그는 심사를 앞둔 3일 동안 '에스더처럼' 금식했다. 그래서일까. 김 목사가 보기에는 지원 조건에 어느 것 하나 제대로 된 것이 없어 보였지만, 심사를 통과했다. 기적이고 은혜였다. 처음에는 최대 5천만 원을 지원한다더니, 아쉽게도 3,750만 원을 받게 되었다. 하지만 어쨌든 창업할 수 있게 된 것이다. 필자가 가장 놀랍게 여긴 점은, 무작정 사진 찍어 제출한 철물점 창고를 실제로 사용할 수 있게 된 것이다. 만약 심사 통과 이후에 거절되었다면, 어떻게 되었을까? 이래서 사업은 아무나 하는 게 아닌 모양이다.

 이후부터는 인테리어를 고민하게 되었다. 제대로 하려면 8평 부지에 평당 3,4백만 원이 들어야 한다. 하지만 그것은 불가능한 일이었다. 그래서 '동네 아저씨'에게 8백만 원을 주고 설계도 없이 '야매'로, '되는대로' 작업했다. 그렇게 2012년 6월이 되었다. 등불교회 권사 6명, 집사 2명, 동네 주민 2명. 이렇게 총 10명을 파트타임으로 해서 〈까페 외할머니〉가 '부평구 일신동'에 문을 열었다. 2011년 11월에 부임한 목사가 반년 만에 CEO로 거듭나는 순간이었다. 적은 비용으로 번듯한 까페를 만들어 놓으니, 개소식에 구청장도 참석하고 인천일보 기자도 왔다. YTN 뉴스뿐 아니라, 각종 기독교 방송에도 여러 번 출연했다. 심지어 국민일보에는 '설교'도 몇 차례 실렸다. 최근에도 방송 출연을 했다. 이후 방송을 보고 선물을 보내주는 사람들도 생겨났다.

친할머니가 아니고 '외할머니', 카페가 아니라 '까페'

 〈까페 외할머니〉라는 독특한 이름은 가족회의의 결과였다. 특별히 김 목사 아내의 제안이었다. 세 가지 의미가 중첩된 이름으로, 우선 '외'국인을 염두에 둔 이름이다. 필자가 사는 인천시 연수구 연수동 인근도 마찬가지지만, 일신동에서도 외국인 노동자들을 쉽게 마주할 수 있다. 〈까페 외할머니〉는 고향을 떠나온 그들의 처지를 외할머니의 마음으로 위로하고 환대하기 위한 의미를 담았다.

두 번째 의미는 '집 밖(外)'의 할머니라는 뜻이다. 이제는 더 이상 손주들이 할아버지, 할머니와 함께 살지 않는 현실을 반영한 것이다. 세 번째 의미는 말 그대로 '외할머니'의 따뜻함을 의도했다. 아무래도 친할머니보다 외할머니라는 표현이 더 친근하지 않느냐는 것이다. 중요한 것은 '정말 친할머니는 외할머니보다 친근하지 못한가'의 문제가 아니라, 〈까페 외할머니〉가 추구하는 정신이 '따뜻함'이라는 것이다.

필자가 '카페' 외할머니가 아니라, '까페' 외할머니로 표기하는 것은 오타이거나 취향의 문제가 아니라, 실제 이름이 '까페'이기 때문이다. 그리고 여기에는 김 목사의 의중이 담겨 있다. 대개는 '카페'로 표기하는 현실에서 일종의 차별화를 두기 위해 프랑스식 발음인 '까페'를 선택한 것이었다.

일신동에서 일신시장을 거쳐 부개동으로

2012년 일신동 철물점 창고에서 시작한 〈까페 외할머니〉는 힘차게 출발했지만, 커피 수요가 늘어나는 만큼 근처에 늘어나는 카페들 사이에서 어려움을 겪기 시작했다. 특히 〈까페 외할머니〉는 처음 시작할 때부터 '공정무역 커피'를 사용하고 있다. 공정무역은 거대기업에 밀려 생존이 위태로운 각국의 노동자들을 보호하기 위한 아름다운 분투이지만, 그 가치만으로 사업을 성공적으로 할 수는 없다. 결국 사람들은 가격이 싼 곳을 찾는 게 현실이기 때문이다. 쉽게 말해 "까페 운영만으로 까페를 운영할 수는 없었다." 그렇다고 공정무역의 가치를 내려놓을 수도 없는 노릇이었다.

그래도 '할머니들 월급날'은 어김없이 찾아온다. 그래서 기회가 있을 때마다 유료 커피 교육을 열심히 다녔다. 지금까지 교육한 사람이 2천 명에 이른다. 얼마 전에는 인도 청년들에게 영어로 바리스타 교육을 하고 왔다. '커피 트럭'을 몰고 전국을 누비며, 커피를 팔기도 했다. 장사가 안되어 답답하던 시간도 견뎌야 했다. 그러다 보니 자격증 하나 없이 시작했지만, 바리스타 자격증과 로스팅 자격증도 따고, 이제는 심지어 책을 내는 일까지 확대되었다.

하지만 사업은 쉬운 일이 아니었고, 결국 일신동을 떠나 일신시장 안쪽으로 옮길 수밖에 없었다. 애석하게도 사정은 점점 나빠졌다. 시장을 찾는 이가 적은데, 시장에 있는 까페를 찾는 이가 많을 수는 없었다. 그 오랜 '버팀'의 시간을 보내고, 2020년 8월부터 지금의 자리인 부개동으로 오게 되었다. 그전까지 분리되어 있던 교회와 까페가 이제 한 공간을 쓰게 되었다. 평일에는 까페, 주일에는 교회. 노인들이 많은 교회라 교회와 까페를 1층으로 옮기니 교인들이 반가워했다. 그러나 '코로나' 중에 옮긴 터라, 까페로서는 큰 어려움을 견뎌야만 했다.

이번 주일예배는 특별했습니다. 등불교회 성도들과 라파의료선교 봉사단 단원들이 치과 치료를 받으러 온 외국인노동자들과 함께 예배를 드렸습니다. 방글라데시에서 온 이슬람교도들, 미얀마에서 온 불교도들이 어우러져 함께한 것입니다. 치과 치료를 받기 위하여 화성, 강화, 파주, 포천, 아산, 용인, 김포 그리고 인천 내 멀고 가까운 지역에서 찾아왔습니다. 간단한 치료에서부터 150여만 원 상당의 치료까지 받았습니다. 치료를 받고 마음 속에서 우러나오는 감사를 표하는 외국인노동자들의 모습을 보면서, 함께 감사할 수 있는 시간이었습니다. 많은 이들이 〈까페 외할머니〉에 방문하여 하나님의 사랑을 나눌 수 있었습니다. 〈등불교회〉가 앞으로도 하나님의 사랑과 생명을 나누는 장소가 되기를 바랍니다.

(2023.03.12. 김현래 목사의 페이스북 글)

1 『5개국 언어로 배우는 바리스타』 (동연, 2019)(공저)
2 수료생과 함께(특이사항 : 69세, 태권도 3단)   3 미얀마에서의 커피 교육

모든 게 꿈같던 시절

김 목사의 어린 시절은 참으로 '어지러웠다.' 가난했고, 굶을 때도 많았다. 중1 때부터 대학원 졸업 때까지 등록금을 제대로 내본 적이 없다고 했다. 그렇게 어려운 가정환경이었는데, 7살에는 큰 사고까지 당했다.

> "어렸을 때 엄청난 교통사고를 당해서 사실 한쪽 눈이 안 보여요.
> 하나님이 살려주신 거예요, 진짜. 어머니가 병원에 데려갔더니
> 처음에 의사가 '얘는 죽었다'라고 그냥 데려가라고 했대요.
> 근데 어머니에게 '네가 기도하면 아이가 살 텐데' 이런 음성이 들려서
> 막 기도했더니, 의사가 '시험 삼아 수술해 보겠다'라는 거예요.
> 그래서 머리 네 군데를 뚫어서 뇌수술을 받았어요. 그게 1976년이에요.
> 내가 7살 때. 죽었다가 살아난 거죠.

수술받고 아버지 품에 안겨 나오는데, 요샛말로 '임사체험'을 했어요.
만 5년 3개월 살았는데도, 그동안 살아온 날들이 파노라마처럼….
그 어린 나이에."

충주 시골에서 수술받았는데, 의사는 유명해졌다. 김 목사를 살렸기 때문이다. 그때는 뇌수술을 했다 하면 죽거나 아니면 '바보'가 되던 시절이었다. 수술 소식은 의사 세계에 빠르게 퍼져나갔고, 심지어 독실한 불자였던 그 의사는 결국 기독교로 개종하기에 이르렀다. 그렇게 하나님이 살려주셨으니, 이후로는 탄탄대로일 줄 알았지만, 삶은 녹록지 않았다. "뒤로 넘어지기도 하고, 모든 게 현실이 아니라 꿈 같았어요." 그래서 늘 우울했다. 초등학생 때도 김 목사는 '내가 왜 여기 있는가?'를 물어야 했다.

불편한 눈, 그러나 보이는 것

어릴 때 교회 '아래에' 살았는데, 교회 목사가 그다지 신경을 안 쓰는 것 같아 마음이 좋지 않았던 기억이 있다고 했다. 한 번은 중3 때 목사님이 심방을 왔는데, 부모님에게 '공고'를 보내라고 했다. 하지만 그는 뇌수술을 받았음에도 공부를 잘하는 학생이었다. 그래서 어려운 집안 사정이지만 지방의 명문 충주고등학교에 입학했다. 연·고대 정도를 기대해 볼 만한 학생이었다는 뜻이다. 하지만 김 목사는 결국 신학교에 들어갔다.

> "만약에 목회하게 되면 말만 하는 목회가 아니라,
> 생존권을 보장해 주는 목회를 해야겠다고 생각하게 되었어요.
> 어려운 사람에게 일자리를 만들어 드려야겠다고 생각했죠."

찢어지는 가난과 한쪽 눈으로만 보게 되어서일까. 어느 순간 김 목사의 인생 모토는 '생존'이 되었다. 이것은 누군가에게 소망의 근거가 되고 싶다는 뜻이었다. 그는 목사로서 뜬구름을 잡고 싶지 않았다. 그래서 2021년에 함께 출간한 책의 한 장에 이렇게 썼다.

> 교회는 건물 안에만 갇힌 이익 집단이 되어서는 안 된다.
> 교회가 가진 영적인 힘은 세상을 변화시키며
> 하나님 형상을 잃어버리고 착취하며, 착취당하는 사람들을
> 동시에 구원하는 일에 참여해야 한다.
> 그 일은 부정의와 부조리를 제거하고
> 바른 질서를 잡도록 하는 일에서 찾을 수 있다.
> 믿음 안에서 얻은 구원의 거룩성을 세계 안에서 실현해야 한다.
>
> 그러기 위해서는 사회단체들과 연대해야 하며,
> 그 연대를 통하여 하나님의 뜻이 실현되는

인류사회를 만드는 데 일조해야 한다.
이것은 단순히 선언 차원에서 그쳐서는 안 되고
구체적인 행동으로 나타나야 한다.[2]

존 웨슬리가 '노조'를 설립했던 마음이 이런 마음이었을까. 그의 신앙은 이렇게 늘 구체성을 지향했다. 불편한 눈을 통해 보게 된 그만의 세상이 있다는 생각이 든다.

"81세의 나이로 재작년까지 까페에서 일하시던 권사님께
월급으로 200만원을 드렸어요.
'그래야 사시니까…. 한 사람이라도 살아야지.'
그런데 그렇게 한다고 교회가 커지는 건 아니더라고. (웃음)
건물 이자 내고, 월급 주고, 여러 공과금 내고…. 빠듯합니다." (웃음)

---

2) 김헌래, '공정무역을 즐겁게 노래하자', 『커피, 트립티, 공정무역』, 최정의팔 외 (동연, 2021), 123.

『커피, 트립티(Tripti), 공정무역』
(동연, 2021)(공저)

죽을 것 같은데, 안 죽네요

그동안 보람 있었던 일들을 얘기해달라는 요청에 뜻밖의 대답이 돌아왔다. "보람이 있지는 않았어요. 늘 힘들었거든요. 나한테는 십자가예요." 그저 비관적인 말인가 싶었는데, 이어지는 말을 듣고 숙연해졌다.

'일자리를 네가 만들라'라는 게 주님의 음성 같아서 거부할 수가 없었지요. 이제 와서 그만둘 수도 없어요. 일하는 분들 때문에…. 이자도 내야 하고요. 그리고 무엇보다 여기는 사실 교회 아닌가요? 교회니까, 교인은 얼마 안 되어도 교회로서의 역할을 해야지요. 동네 사람들은 어려운 일이 있으면 다 나한테 와서 뭐라고 해요. 동네 목사죠 뭐.

심지어 핸드폰 고장 나도 나한테 와요. 보청기 고장 났다고 오고. 어떤 때는 자기 아들 땜에 힘들다고 2시간을 한풀이 하다 가요. 나도 힘든데 정신이 하나도 없어요. (웃음)

어디 가서 얘기하면 말거리가 되니까, 나한테 하는 거죠. 교회 안 다니는 사람들도 와요. 죽을 것 같은데, 안 죽네요." (웃음)

필자는 후배 목사로서 뻔하게 들릴 수 있지만, 진심을 담아 답을 드렸다. "목사답게 살고 계시네요."

모든 손님은 나를 찾아오신 예수님

"아까 왔던 애, 발달장애에요. 자기 나이도 몰라요."

인터뷰 중간에 들어온 주민이 있었다. 김 목사는 그가 발달장애를 가졌다고 했다. 그는 모든 손님을 '나를 찾아오신 예수님'으로 여긴다고 했다. 그런 마음으로 대한다는 것이다. 커피 향기로 그리스도의 향기를 전하는 마음이리라. 인터뷰가 끝나갈 무렵, 까페 문을 쓱 열고 들어온 아저씨 역시 커피를 마시러 온 게 아니었다. 그는 인터넷이 안 된다며 김 목사를 찾아왔다. 김 목사는 기꺼이 환대했다. 그가 변장한 예수님일 수도 있으므로.

이런 형식의 목회를 꿈꾸는 이들에게 혹시 조언할 것이 있는지를 물었다. 그는 망설임 없이 두 단어로 답했다. 그것은 '전문성'과 '접근성'이었다. 그는 '내가 최고'라는 생각이 들 만큼 전문성을 갖춰야 한다고 말했다. 당연하면서도 중요한 말이었다. 가령 커피로 목회를 하겠다면, 어설프게 준비해서는 안 된다는 뜻이었다. 그러면서 김 목사는 "핸드드립은 내가 제일 잘 만든다."라는 '농담 같은 자신감'을 표현했다. 그 모습이 좋았다.

'접근성'은 단순히 사업의 '자리'가 좋다는 뜻도 되겠지만, 꼭 공간적인 접근성이 아니라, 심리적인 접근성도 뜻한다고 했다. 쉽게 말해 마을 안에서 심리적 접근성을 높이려면, '거룩한 척'하면 안 된다는 것이다. 그냥 동네 사람과 어울릴 수 있는 사람이 되어야 한다고 말했다.

단골손님 (특이사항 : 91세 최고령, 동네 한 바퀴 산책하고 아메리카노 한 잔하는 멋진 분)

예수같이 삽시다

필자는 목회하는 후배로서, 그리고 인터뷰어로서 '한국교회를 향한 당부의 말'을 마지막으로 요청했다. 김 목사는 잠시 고민하더니 이렇게 말했다.

> "한국교회가 지금처럼 나가면 망할 거라고들 하지요.
> 이제라도 우리가 예수님의 마음을 품었으면 좋겠어요.
> 역사적 예수든, 신앙적 그리스도든 간에, 예수의 마음을….
> 영향력이 다른 게 있나요. 예수가 영향력이죠.
> 예수같이 사는 거…."

그리고 목회하는 후배들을 향해 한 마디를 덧붙였다.

"아무것도 안 하면 아무 일도 안 일어나요.
안 된다고 생각하지 말고 뭐라도 도전해 보세요.
아무리 작은 일이라도 열심히 해보는 게 좋을 것 같아요."

끝으로 김 목사는 '코로나' 때 일이 없어서 기타 연습을 열심히 했는데, 그러다 노래까지 만들게 되었다면서 직접 들려주었다. 후배 이혁 목사(의성 서문감리교회)의 작곡과 김 목사의 작사가 어우러진 곡이었다.

요즘은 개신교의 사회적 신뢰도가 주요 종교 중 꼴찌인 시절이다. 좋은 교회와 목회자를 만나는 일이 귀하고, 기쁘지 않을 수 없다. 김 목사와의 만남이 바로 그런 만남이었다. 그의 사업과 목회가 주님 안에서 건승하길 빈다. 신메뉴인 '아메리카노 버블'이 요새 숙제라는데, '아메리카노 버블'은 언뜻 맥주 거품이 올려져 있는 것 같은 낯선 메뉴다. 그래도 아주 많이 팔렸으면 좋겠다. 이번에 새롭게 선보인 사이드 메뉴인 '잉글리시머핀'도!

코로나 중 탄생한 노래, '바램'

#아메리카노버블
#노인 #외국인노동자

등불교회, 까페 외할머니 /
인천 부평구 경인로1058번길 7

Story_3

닻을 내리는 마음으로
비스트로 세종(이음교회)

일자리를 찾아 헤매던 장 목사는 사회 초년생인 청년들의 마음을 이해할 수 있었고, 창업을 통해 본인과 청년들의 일자리 문제를 풀어보고 싶었다. 청년들과 수없이 논의하면서, '청년 창업'이라는 키워드와 '지역 농가'와의 소통 그리고 사회 문제 해결을 위한 지역사회 '참여'를 콘텐츠로 삼아 끊임없이 도전하고 있다.

2023년 7월 중순, 평년 같으면 장마가 끝나고 전국의 해수욕장은 피서객들을 맞을 준비에 한창일 무렵이지만, 6월부터 한 달 동안 맑은 날보다 비 오는 날이 더 많은 시간이 지나고 있다. 최근 5년 동안의 연평균 기온이 역대 상위 10위 안에 들어가는 상황에서 올해(2023년) 역시 기상 관측망이 전국으로 확대된 1973년 이후, 가장 더운 해로 기록되고 있다. 하지만, 그와 별개로 강수량 마저 필요 이상으로 많아지고 있어 울상을 짓는 사람들이 많아지고 있다. 대기 온도 상승은 우리가 매일 소비하는 수많은 음식의 생산량 감소에도 영향을 미치는데, 기후변화로 인해 우리가 앞으로 보기 어려워질 식품들도 있다. 세계적으로 인기 있는 바나나의 경우, 열대과일임에도 높아지는 기온과 습도에 의해 파나마병으로 뿌리가 썩어가고 있기 때문이다. 레몬의 2배, 사과의 10배가 넘는 비타민C를 함유한 딸기 역시 고온 현상과 긴 장마로 인해 어린 모종이 살아남기가 점점 더 어려워지고 있다.

그렇게 며칠째 비가 계속되던 어느 날, 세종시를 방문했다. 그러나 그동안은 인터뷰를 위해 교회를 방문했다면, 오늘 갈 곳은 교회가 아닌 이음교회 장부 목사가 운영하는 식당이다. 넓은 유리창을 두드리는 빗소리와 매장 안 스피커에서 흘러나오는 노래 그리고 조명이 함께 어우러져 옛 감성이 물씬 느껴지는 곳에서 차분하게 대화를 시작했다.

리더, 책임의 자리

　장부 목사는 일반대학교에서 항공우주공학을 전공하고, 중국으로 3년 정도 단기 선교를 다녀온 후에 2009년 목원대학교 신학대학원에 입학했다. 어릴 적부터 교회 안에서 성장한 그는 취업 대신 목회를 결심하게 되었다. 천안에서 수련목회자 과정을 마친 후, 2014년 세종에서의 가정예배를 시작으로 이듬해 교회를 개척했다. 개척할 당시 마음을 그는 이렇게 기억하고 있었다.

> "하나님 나라와 세상, 사람과 사람을 이어가는 삶을 살아내는 교회공동체를 만들고 싶었습니다. 더 낮은 곳으로 흘러 함께 웃고, 함께 아파하는 교회공동체를 목표로 무언가 큰일을 이루어 내기보다는 겨자씨 같은 이들이 모여 겨자씨 같은 이들이 있는 곳을 향해 나아가 겨자씨 같은 일을 하고 싶었습니다."

　그런데 현실은 녹록하지 않았다. 수련목회자 과정을 마치고 첫 아이를 임신한 아내와 함께 세종으로 왔는데, 지금은 8세, 6세 두 아이의 부모가 되었다. 가족이 생긴 일은 너무 감사한 일이지만, 교회를 개척한 목회자에게 책임져야 할 식구가 둘이 더해졌다는 데서 밀려오는 부담감은 어쩔 수 없었다.

개척 초기, 〈이음교회〉의 가족

두 아이의 부모로서 양육에 대한 책임감도 생겼지만, 개척교회 목사로서 교회에 대한 책임감이 더 크게 다가왔다. 어깨가 무거워진 장 목사는 무슨 일이든 해야만 했지만, 학교와 교회밖에 모르던 그에게 생계를 위해 교회 밖에서 일을 한다는 것은 어색하기만 했다. 떡집 아르바이트를 시작으로 헬스장 청소, 입주 청소, 대리운전 등 가리지 않고, 일할 수 있는 곳이라면 어디든 현장을 찾아다녔다.

"물론 학창 시절에 아르바이트는 해봤지만,
가장으로서 목사로서 생계를 책임지기 위해
교회가 아닌 곳에서 일을 해야 하는 기분은 또 달랐어요."

처음 만났을 때의 자신감 넘치던 모습과는 달리 당시 기억을 떠올리는 장 목사에게서는 정말 고민이 많았던 한 청년의 모습이 보였다. 처음 아르바이트를 시작했던 떡집에 전화하기까지 한 달이라는 시간이 걸릴 정도로 경제활동에 자신이 없었다. 다행히 떡집 사장님이 신앙인이었고, 사장님의 어머니가 목회자여서 마음도 나눌 수 있었고, 일도 많이 배울 수 있었던 것은 그에게 행운이었다.

지금 진행 중인 요식업 역시 어떤 철학을 가지고 시작한 일이 아니라, 먹고 살기 위해 시작한 일이었다고 솔직한 마음을 내비쳤다. 하지만 그의 이야기를 들으면서, 단지 생계를 위한 것만이 아니라, 교회 밖의 이웃들을 만나면서 그들을 통해 삶을 배우고, 그들에게 삶으로 복음을 전하고 있었음을 느낄 수 있었다.

창업, 지역을 돌보는 일

대리운전을 하면서 많은 사람을 만날 수 있었는데, 어느 날은 작은 스타트업[3] 회사의 부대표를 고객으로 만나게 되었다. 차 안에서 서로의 이야기를 나누면서 함께 일하자는 제안을 받고, 새로운 일을 배우는 기대감으로 스타트업 회사에 입사하게 되었다.

---

[3] 신생 창업기업을 뜻하는 말로, 미국 실리콘밸리에서 처음 사용되었다. 혁신적인 기술과 아이디어를 보유하고, 투자를 받기보다는 종잣돈으로 시작하는 경우가 많고, 기술에 기반한 회사의 성공 사례가 많다.(출처: 나무위키)

세종지역 창업 워크숍

    회사 업무의 하나로 창업 관련 교육을 받으면서, 자신처럼 일자리를 고민하는 청년들을 위해 직접 창업을 해보기로 결심하게 되었다. 장 목사가 거주하는 세종특별자치시에는 정부세종청사가 있어서 청년들이 상당히 많은 도시이지만, 대부분이 행정직으로 다양한 꿈을 펼칠 수 있는 일자리는 없는 편이다. 일자리를 찾아 헤매던 장 목사는 사회 초년생인 청년들의 마음을 이해할 수 있었고, 창업을 통해 본인과 청년들의 일자리 문제를 풀어보고 싶었다. 자신의 문제를 해결하기 위해 시작한 일이 누군가에게도 도움이 되는 일이라면, 더할 나위 없이 좋은 일일 것이다.

    창업을 위해서는 창의적인 모델이 필요했다. 청년들과 수없이 논의하면서, '청년 창업'이라는 키워드와 '지역 농가'와의 소통 그리고 사회 문제 해결을 위한 지역사회 '참여'를 콘텐츠로 삼아 창업을 시도해 보기로 했다.

신도시 프로젝트, 색(色)을 입히다 - 〈비스트로 세종〉

그가 첫 번째로 시도한 분야는 요식업이었다. 회색빛 도시에 색을 입히는 느낌이랄까? 레스토랑 〈비스트로 세종〉은 세종시에 다양한 색을 입히고 싶은 고민에서 시작된 일이다. 장 목사가 창업할 당시만 해도 세종은 새롭게 조성된 도시였기에 세종만의 콘텐츠가 없었다. 그래서 지역 농가에서 생산되는 식재료를 직접 음식으로 표현해 보기로 했다.

파스타 소스인 페스토의 재료로 보통은 바질을 갈아서 향을 내는데, 〈비스트로 세종〉은 부추와 시금치를 사용했다. 프랑스 음식과 지역에서 나는 식재료를 접목한 것이 세종시에서 입소문이 나기 시작했다. 물론 이런 시도들은 함께 일하는 팀원들과 머리를 맞대며 함께 고민한 것이다. 최근에는 세종지역에서 나는 식재료는 아니지만, 여수의 갓김치를 활용해서 파스타를 만들었다. 갓김치와 파스타의 조합은 다소 생소하지만, 한국적인 의미를 담아보고 싶어서 시도한 일이며, 청년이기에 다양하고 도전적인 시도를 해볼 수 있었다.

우리 주변에서 식재료만큼 다양한 색이 있을까? 초록색, 붉은색, 자색, 흰색, 노란색 등 형형색색의 다양한 식재료가 우리 식탁을 풍성하게 하고, 우리 몸에 필요한 영양소를 균형 있게 채워준다. 장 목사가 요식업을 창업하기는 했지만, 그는 조리사 자격증이 없다. 요리보다는 경영자로서 안목을 키워가고 싶었다. 그는 메뉴판 위의 '요리'보다는 지도 위의 '세종'에 더 관심이 많았다. 세종은 다른 도시들과는 다르게 농가만 있던 곳에 세워진 계획도시이기에 도시 주변은 여전히 농업 중심이다.

현재 〈비스트로 세종〉은 청년들에게 일자리를 제공할 뿐만 아니라, 소위 '세종 맛집' 중 하나다. 맛뿐만 아니라, 분위기도 좋아서 젊은 세대가 많이 찾는 곳이 되었다. 장 목사는 지역의 행정기관과 협의하여 형편이 어려운 가정에 식사 상품권을 보내고 있는데, 식사 상품권 발행에는 그의 깊은 배려가 담겨 있다. 특정한 시간에 대상자들을 한 번에 초대해서 하는 행사는 자칫 상처와 불편을 줄 수 있어서, 원하는 시간 어느 때라도 와서 가족들과 마음 편히 식사할 수 있게 하려고 상품권을 발행한 것이다. 그래서 장 목사도, 직원들도 그들이 누구인지 잘 모르고, 모든 손님에게 최선을 다할 뿐이다.

(좌) 지역에서 생산되는 식재료를 활용한 메뉴들
(우) 세종시에 위치한 〈비스트로 세종〉

세종 이전의 조치원은 복숭아가 유명한데, 이 복숭아 과즙을 이용한 음료는 지역 축제장에서도 큰 인기를 얻고 있다. 상품 자체로도 의미가 있지만, 지역을 홍보할 수 있는 좋은 콘텐츠로 자리 잡으면서, 지역 축제가 열릴 때마다 상품을 공급해달라는 연락도 많이 받았다. 많이 판매되는 것만으로도 기분 좋은 일이지만, 무엇보다 우리 지역을 소개할 수 있는 콘텐츠를 만들어 낼 수 있어서 감사했다.

그러나 축제장에서 인기가 많았던 복숭아 음료는 코로나로 인해 판로가 어려워졌다. 하지만 함께 머리를 맞대니 또 다른 길이 보였다. 그것은 '선물'이었다. 선물은 사람들과의 만남에서 마음을 표현하는 도구로, 부모님과 지인들에게 감사의 마음을 표현할 때, 특별히 내가 살고 있는 지역에서 나오는 상품은 감사한 마음뿐 아니라, 내가 살아가는 이야기를 담을 수 있어서 인기가 높다. 이런 과정을 통해 행정 중심 도시였던 세종시가 관광도시는 아니지만, 한번 가보고 싶은 도시 중의 하나가 되었다.

농가 프로젝트, 상생(相生)을 입히다 – '연서그라운드 목장체험'

지역을 담아내는 상품을 개발하다 보니 도심 주변의 농가들이 보이기 시작했다. 1980년대부터 연서면(옛 연기군 서면)을 중심으로 목장이 많이 생겼다. 그리고 유제품 공장이 세종시에 생기면서 낙농업도 많이 발달했다. 세종시의 젖소 사육 농가는 80여 곳, 소는 4,000마리가 넘는데, 이 중에 절반이 연서면에 있었다. 장 목사의 눈에는 목장이 단순히 우유를 생산하는 곳이 아니라, 지역이 가지고 있는 가치로 보였다. 소비 인구의 80%가 신도심에 거주하고 있으니, 도시와 농촌을 서로 이어주고 농가소득에도 도움이 될 수 있는 것을 고민하게 되었고, 그 과정에서 '요거트'를 떠올렸다. 그리고 곧바로 목장을 섭외하러 다니다가 같은 교단에 계시는 장로님을 소개받았다. 하지만 우유를 받아서 요거트 생산을 준비하던 중, 장로님의 건강상 이유로 장 목사가 목장 전체를 맡게 되었고, 그 안에 있던 체험시설도 함께 운영하게 되었다. 이렇게 장 목사의 젊은 감각과 원주민의 기반이 합쳐져 '연서 프로젝트'가 시작되었다. 목장에서 나온 좋은 품질의 우유는 로컬 푸드 마켓에 납품하고, 한쪽에 있는 체험장에서는 목장 견학과 함께 요거트와 치즈 등을 직접 체험할 수 있는 유제품 콘텐츠를 운영할 수 있었다.

장 목사의 아이들은 세종에서 태어나 초등학교 저학년이 되기까지 세종에서 성장했다. 짧은 기간이지만, 나름 토박이다. 하지만 아이들이 마을에서 경험하지 못한 것이 있는데, 전깃줄에 앉아있는 참새를 보는 일이다. 참새가 없어서일까? 물론 아니다. 세종시는 계획도시이기 때문에, 전기·가스·수도 등의 공급 설비를 도심의 지하터널 '공동구'로 수용하고 있어서, 그 흔한 전봇대가 없기 때문이다.

아파트 빌딩 숲과 놀이터 그리고 인위적으로 조성된 공원에서 성장한 아이들이 목장을 처음 방문했을 때의 모습을 잊을 수가 없다. 푸른 들판을 뛰어다니며 소와 대화를 시도하고, 오감으로 자연을 만끽하는 아이들이 행복해하는 모습 속에서 인위적이지 않은 자연 그대로의 목장에 대한 애정이 깊어졌고, 농장이 연서면에 있어서 '연서그라운드 프로젝트'라 이름 짓고, 애정을 갖고 세워가고 있다.

세종시 연서면(옛 연기군 서면)에 있는 목장

농장과 협업을 통한 체험 행사

체험센터에서 판매하는 유기농 제품

체험센터의 의미는 단순히 아이들에게만 유익한 것은 아니다. 각 목장은 할당제라고 해서 납품할 수 있는 우유의 양이 정해져 있다. 공장도 아니고, 소들에게 정확한 생산량을 정해줄 수 있는 것도 아니라서 버려지는 우유가 생길 수밖에 없다. 농장주로서 유기농 원유를 얻기 위해 애정을 쏟는 부분이 한둘이 아닌데, 우유를 버리는 일은 무척 가슴 아픈 일이다.

하지만 '연서그라운드 목장체험'을 통해 체험센터는 우유를 버리지 않게 되었다. 이로 인해 농가는 추가 소득을 올릴 수 있고, 아이들은 목장에서 신나는 체험을 할 수 있고, 소비자들에게는 좋은 품질의 유제품을 공급할 수 있으니 비록 힘은 들지만, 많은 사람에게 유익한 일이 아닐 수 없다. 하지만 좋은 일에도 항상 고민되는 지점은 있기 마련이다. 바로 체력 소진이다. 육체적으로 너무 힘든 일이라서 계속할 수 있을지 고민이 깊다.

원도심 프로젝트, 생기(生氣)를 입히다 - 〈미트볼 스테이션〉

세종시에는 신도시만 있는 것은 아니다. 원래부터 내려오는 중심지라는 의미로 원도심(the original city center)이라 불리는 곳들이 있으며, 조치원읍을 중심으로 원도심이 형성되어 있다.

조치원역 인근의 오래된 건물을 리모델링한 〈미트볼 스테이션〉 전경

    조치원역은 일제 강점 시기였던 1905년에 세워진 역으로, 일본은 한반도를 대륙진출의 발판으로 삼기 위해 조치원역을 인적, 물적 자원의 수탈 통로로 이용했고, 당시에는 대전역만큼 교통의 요지였다.

    당시 일본인들이 본국에 있는 가족이나 지인에게 쓴 편지에 의하면, 조치원은 장사하기 너무 좋은 곳이니 이곳에 와서 경제활동 할 것을 권유하는 문헌이 있을 정도로 활성화됐던 곳이다. 또한 조치원은 일제 강점기 시대부터 박하주(薄荷酒)를 생산하기도 했으며, 양조장 및 미호소주 공장이 운영되었을 정도로 양조산업의 역사가 깊은 도시이기도 하다.

유명 가수가 전국에 10대 콘서트를 다닐 때면, 열 개 도시 중에 조치원이 무조건 들어갔다며 지역 사람들은 자부심을 느끼고 있다. 하지만 과거의 영화만 간직한 채 점점 축소되고 있는 원도심을 살리기 위해 지자체에서는 큰 노력을 기울였다. 장 목사 역시 원도심에 관심을 가지게 되면서, 세 번째 프로젝트를 시작하게 되었다. 〈이음교회〉는 신도시에서 시작했지만, 장 목사는 교회를 넘어 지역을 품고 있었기에 쇠퇴하여 가는 원도심을 다시 살려보고 싶은 마음이 컸다.

세 번째 프로젝트의 거점은 원도심의 중심 역할을 하는 조치원역이 되었다. 역사 바로 옆에서 80년간 운영되었던 '정혜여관'을 재탄생시켜 〈미트볼 스테이션〉이라는 식당을 열었다. '스테이션(station)'은 짐작하는 그대로지만, '미트'는 meat(고기)의 의미에 meet(만남)의 의미를 더한 것이다. 〈미트볼 스테이션〉은 과거 만남과 헤어짐의 장소였던 기차역 대합실이 재현된 곳이다. 대합실은 만나는 기쁨과 이별의 아쉬움이 교차하는 곳이므로, 실내 장식도 역사의 느낌을 살려 브랜딩[4]했다.

---

[4] 소비자에게 상품을 이미지화하기 위해서 광고 홍보 등을 통한 지속적인 관리로 소비자들로부터 상품의 이미지만으로도 상품과 회사를 알리는 마케팅의 한 방법.

〈비스트로 세종〉과 농가 체험이 지역의 먹거리를 활용한 일이라면, 〈미트볼 스테이션〉은 마을 관광사업의 일환이다. 그래서 1층에서는 대표메뉴인 미트볼과 피자, 샌드위치, 파스타를 비롯하여 음료(Local Beverage)들을 제공하고, 2층에서는 다양한 팝업스토어가 열리고 있어서 오가는 사람들의 시선을 사로잡고 있다.

바비큐 미트볼 샌드위치

조치원역은 무궁화호로 대전역에서 30분 거리로, 하루 여행하기에 좋은 코스다. 더욱이 덜컹거리는 무궁화호 기차는 여행의 설렘과 향수를 불러일으키는 최고의 교통수단이다. 예전 조치원역 앞은 늘 사람들로 북적였다고 한다. 조치원에는 3개 대학의 캠퍼스가 있어서 젊은이들의 모임 장소는 늘 조치원역 앞이었다. 중국집과 포차, 분식집, 오락실과 극장 등 골목골목에 자리 잡은 수많은 상가와 오가는 사람들로 북적였던 골목의 이름이 현재 '왕성길'이다. 하지만, 지금은 그 이름이 무색할 정도로 한산하다. 장 목사는 〈미트볼 스테이션〉을 찾아오는 사람들로 골목상권이 살아나서 '왕성길'이라는 골목의 명성을 다시 찾아주고 싶다고 했다.

세종시삽십분

장 목사의 세종시 프로젝트는 총 세 가지다. 첫 번째는 세종시와 조치원이라는 신도심과 원도심 그리고 지역의 로컬 콘텐츠와 지역 식재료를 활용한 F&B(Food and Beverage)에 기반의 프랑스 음식점인 〈비스트로 세종〉, 두 번째는 조치원역 앞 오래된 여관을 리모델링한 〈미트볼 스테이션〉, 그리고 마지막은 지역의 젖소 목장을 활용한 요거트 제작과 체험활동을 기획하고 브랜딩한 '연서그라운드 농가체험'이다. 장 목사는 이 기업들이 각자의 위치에서 앵커 역할을 해주길 기대하고 있다. '앵커(anchor)'는 선박을 정박할 때 움직이지 않도록 잡아 주는 닻으로, 앵커 스토어는 특정 상권을 대표하거나 상권의 핵심이 되는 점포를 말한다.

스타트업 〈세종시삼십분〉의 홍보 자료

　매장마다 각기 다른 이름을 가지고 있지만, 전체 운영은 장부 목사가 대표로 있는 〈세종시삼십분〉이라는 스타트업 기업이 맡고 있다. 어느 날 아들에게 시간을 물어보았는데, 세종시 삼십분이라고 대답하는 것을 듣고 아이디어가 떠올랐다고 한다. 30분 만에 세종이 지닌 다양한 가치와 매력에 빠지게 해주는 기업이 되겠다고 다짐한 것이었다. 그리고 노력 끝에 2021년에는 중소벤처기업부 올해의 '로컬 크리에이터'에 선정되기도 했다. '로컬 크리에이터'는 지역(local)과 창작자(creator)의 합성어로, 각 지역에서 지역 주민 커뮤니티와 함께 창의적인 지역 활동을 통해 문화와 가치를 만들고, 이것을 비즈니스화하는 사람들을 말한다. 그런 면에서 장 목사는 지역 가치 창출가다. 청년들뿐만 아니라, 지역의 많은 사람과 네트워크를 이루고 지역의 역사와 이야기를 찾아내며, 새로운 문화를 만들어 가기 위해 노력하고 있다.

배움의 습관

장 목사와 인터뷰하는 내내 필자는 그의 에너지가 어디서 나올까 궁금했다. 식당과 체험장을 운영하는 것 외에도 지역 콘텐츠를 만들기 위해 다양한 지역과 직종에 있는 사람들을 만나고 함께 고민하는 일정들이 무척 많아 보였다. '어떻게 이렇게 많은 일들을 할 수 있었냐'라는 질문에 장 목사는 이렇게 대답했다.

"어디를 가고 누구를 만나도
무엇이든 배우려는 마음을 가지고 있습니다."

배추가 소금에 잘 절여져 수분이 빠져야 재료들이 잘 버무려지고, 잘 구워진 생선 위에 양념이 충분히 스며드는 것처럼, 장 목사도 겸손한 자세로 함께 일하는 사람들을 대할 뿐만 아니라, 다양한 사람들의 의견을 귀담아들으려고 노력하고 있었다. 그래서일까, 장 목사는 지역뿐만 아니라, 지역을 넘어 소상공인 성장지원사업 심사위원 등 로컬 크리에이터로서 마을 콘텐츠를 개발하고 문제를 해결하는 자리마다 함께하고 있었다.

많이 듣고 열심히 시도하다 보니까, 여러 기회가 생긴 것 같다는 고백과 함께 무엇보다도 팀원들의 노력이 있었음을 잊지 않았다. 지금까지 혼자서

이룬 일들도 아니고, 혼자서는 절대로 해낼 수도 없는 일이었다. 앞으로도 팀원들과 함께 최고의 로컬 콘텐츠를 담아, 또 다른 누군가에게 희망을 주는 기업이 되겠다고 포부를 밝히는 〈세종시사심분〉의 대표이자, 〈이음교회〉 장부 목사에게 기도와 함께 응원을 보낸다.

지역 콘텐츠 개발 모임에서 강연 중인 장부 목사

〈연서그라운드 체험센터〉 내 매장의 실내외 전경

#청년 #지역상생
#로컬_크리에이터

비스트로 세종 / 세종특별자치시 바른 3길 46 지하 1층
https://www.instagram.com/bistrosejong

미트볼 스테이션 / 세종특별자치시 조치원읍 으뜸길 231
https://www.instagram.com/meetballstation

Story_4

빵 굽는 키다리 아저씨
충주베델교회

음식을 만드는 일은 목적이 있다. '위함' 즉, 살기 위함이고, 건강을 위함이고, 가족을 위함이고, 이웃을 위함이다. 그래서 대충해서는 안 될 일이다. 이미 재료에는 창조주의 정성이 담겨 있다. 햇살을 머금었고, 물을 머금었으며, 바람을 통해 시간을 머금었다. 재료에 담긴 정성과 더불어 돕는 손길들의 정성이 더해져 사랑이 가득한 양식이 탄생한다.

머릿속에 막연히 알고 있는 도시, 충주. 충청도에 있다고 하니 막연히 남쪽에 있을 것 같았는데 찾아보니, 충청북도 충주시는 북쪽으로 경기도 여주와 강원도 원주를 접하고 있었다. 통금이 있던 시절, 제주도와 울릉도에 이어 충주는 자정이 되기 전 여주와 원주 그리고 조치원(현 세종시)에서 통금[5]을 피해 놀러 오는 사람들이 있었다고 한다.

예산에서 출발하여 천안과 음성을 거쳐 충주로 가는 길에 지나치는 지역마다 현수막이 걸려 있었다. '폐기물 매립장 결사반대 ○○리 청년회, ○○면 이장협의회.' 하루에 생활폐기물이 7천 톤이나 발생하는 가운데 전국 매립지 18곳이 곧 사용종료가 되지만, 새 부지를 찾기 힘들어 전국 곳곳에서 갈등이 유발되고 있다. 필자가 거주하는 예산에서도 매년 폐기물매립장 설치 반대로 주민들이 고통당하고 있다. 매립지로 선정되는 곳은 항상 힘없는 사람들이 사는 마을인 것이 안타깝다.

도시에 거주하는 사람들은 생활 쓰레기가 깨끗하게 처리되고 매립지가 들어설 일이 없으니, 관심을 두지 않아도 될까? 사실 매립장을 설치하려는 지역 대부분이 농촌과 어촌이다. 그런데 폐기물이 묻힌 땅에서 침출수가 스며든 지하수를 먹으며 자란 농작물 그리고 침출수가 흘러들어간 바다에서 자란 수산물은 과연 어디로 갈까? 아마 대부분은 도시로 가지 않을까?

---

[5] 1945년 9월부터 1982년 1월까지 자정부터 새벽 4시까지 전국적으로 통행을 금지하던 시절이 있었다.

쓰레기를 처리하고 재활용하는 기술도 물론 중요하지만, 쓰레기를 줄이는 것이 가장 우선일 거라는 생각을 하며 충주에 도착했다.

추억을 깨우는 맛

빵 굽는 교회를 소개받고, 배고픈 배를 움켜쥐며 찾아간 곳은 충청북도 충주시 문화동에 있는 〈충주베델교회〉다. 하나님의 집, 그곳에서 빵을 굽는 이유가 무엇일까? 궁금했다. 베델교회는 충주시의 원도심 안에 있었다. 교회는 주택들과 작은 가게들 그리고 골목이 정겨운 마을 한 곳에 자리 잡고 있었다. 약속한 시각보다 조금 일찍 도착한 덕분에 교회 앞 벤치에 앉아 하늘을 보며 여유로움을 즐기고 있을 때, 차창 밖으로 빨간 확성기를 내민 파란 용달차 한 대가 지나갔다. "계란~ 계란이 왔어요."

학창 시절 길거리에서 맛있게 사 먹던 계란빵이 생각났다. 작은 밀가루 반죽에 계란이 통째로 들어가 있어서 얼마나 고소하고 맛있었는지, 학교를 졸업하고도 계란빵을 잊지 못해 다시 찾아갔던 기억이 떠올랐다. 3D 영화를 보는 것처럼, 계란빵의 기억 끝에서 빵 굽는 냄새가 갑자기 나기 시작했는데, 알고 보니 필자가 방문한 날은 한 달에 두 번 빵을 굽는 행운의 날이었다.

빵 냄새를 따라 문을 여니, 땀을 흘리며 빵을 굽던 황효덕 목사가 반갑게 인사를 건넸다. 무더운 여름이었지만, 슬리퍼와 반바지 그리고 앞치마를 두른 키다리 아저씨의 모습이 나를 시원하게 했다.

키다리 아저씨

황 목사는 어릴 적 꿈이 두 개 있었다고 한다. 하나는 허리가 몹시 아프셨던 어머니를 위해 의사가 되고 싶었고, 또 하나는 목회하는 아버지를 보며 자연스럽게 목회에 대한 마음을 가지게 된 것이었다. 예배를 인도하고 설교하시던 아버지를 흉내 내는 모습에 흐뭇해하시던 부모님을 기쁘게 해 드리고 싶었다. 의사이건 목사이건 누군가를 위하는 마음이 황 목사에게는 어릴 적부터 있었나 보다.

청소년 시절에도 황 목사는 목회에 대한 마음은 있었지만, 확신이 부족했던 탓인지 일반대학에 들어갔다. 대학을 졸업하고 사회생활을 하기도 했지만, 결국 협성대학교 M.Div 과정을 거쳐 충청북도 영동에 있는 농촌교회에서 첫 목회를 시작했다.

첫 목회를 시작할 때 하신 아버지의 조언을 황 목사는 지금도 잊지 않고 마음에 새기고 있었다.

〈베델교회〉 앞에서 서 있는 키다리 아저씨, 황효덕 목사

> "목회는 교회뿐만 아니라,
> 마을의 모든 이웃들을 위하여야 한다."

당연하지만, 그래서 그에겐 거듭 새겨야 할 말씀이었다. 목회자 가정에서 그리고 교회 안에서 성장한 덕에 동네 어르신들께 인사 잘하는 친절한 젊은 목사로 인정받았고, 인근에 있던 다른 네 개 마을에서도 예배를 드리러 오는 분들이 계셨다. 황 목사는 농촌 목회를 하는 동안 마을 사람들과 음식을 나누고 담소를 나누면서, 그동안 마음대로 되지 않아 심리적으로 위축되었던 부분들이 치유되고 회복되고 있었다고 당시를 회상했다.

그렇게 교회가 성장하면서 언덕 위에 아름다운 교회를 새롭게 건축할 꿈을 가졌을 때, 도시목회를 제안받게 되었다. 고심 끝에 아쉽지만, 충주로 가기로 결심했다. 12년의 영동에서의 첫 목회를 마치고, 이삿짐을 정리하던 날엔 교회를 안 다니던 분들도 찾아와서 돈 봉투를 꼬깃꼬깃 쥐여주셨다. 그 따뜻한 기억은 아직도 황 목사에게 생생하게 남아있었다.

몸을 깨우는 향

새로운 길이라고 생각하고 왔던 지금의 교회 상황은 생각했던 것과는 달라도 너무 많이 달랐다. 성장하던 교회가 어려움을 겪으면서, 황 목사가 부임했을 땐 남아있는 성도들이 몇 분 안 계셨다. 속았다는 생각, 뭔가 잘못되었다는 생각에 한동안 아무것도 할 수 없었다. 6개월 정도 마음고생을 하고 나니, 남는 건 질병뿐이었다. 살아야겠다는 생각이 들면서 아무것도 손에 잡히지 않았던 그에게 빛으로 다가온 것은 주방 한쪽에 있던 빵 굽는 오븐이었다.

베델교회를 개척했던 목사님께서 빵을 굽고 나누는 사역을 하셨다는 이야기를 들은 터라 호기심이 발동했다. 조몰락조몰락 손으로 밀가루를 반죽하면서 경직되었던 몸이 움직이기 시작했고, 오븐에서 새어 나오는 빵 냄새가 오감을 깨우고, 마음을 새롭게 했다.

(좌) 숙성된 반죽(dough)을 오븐에 넣고 있다.
(우) 교회 한쪽에 마련된 오븐에서 풍기는 고소함이 마음을 따뜻하게 한다.

음식의 향은 그저 맛으로 끝나지 않는다. 특히 채소의 경우, 본연의 향과 함께 햇빛을 통한 광합성 그리고 해충과 병균으로부터 자신을 보호하기 위해 스스로 만든 식물성 물질이 우리 몸을 건강하게 지켜준다. 특히 통밀이나 호밀로 빵을 만들 경우, 활성산소를 없애는 피토케미컬 (phytochemical)이 함유되어 있어 면역력과 활력을 증강 시켜준다고 한다.

빵 미니스트리(Bread Ministry)

부임 이후 황 목사의 빚은 계속 늘어갔지만, 아무리 속상한 일이 있어도 누군가는 이 어려운 현실을 감당해야 할 것 같아 도망치지 않고 다시 힘을 내기로 했다. 그렇게 20년이 흘렀다. 이전 사역자가 시작한 빵을 굽고 나누는 일을 황 목사는 목사의 사역이 아닌 〈베델교회〉의 사역으로 여기고, 계속 이어가기로 했다. 1주일에 두 번씩 구운 빵을 생활이 어려운 이웃들에게 나누는 일이 언론에 소개되면서, 이 일을 함께 하고 싶어 교회를 찾아오는 이들도 생겨났다.

빵 굽는 것은 교회 내 작은 공간에서 이루어진다. 발효된 반죽을 오븐에 넣고 얼마를 기다렸을까. 벨 소리가 울리자, 키다리 목사는 바빠진다. 20년 째 봉사하고 있는 적십자 회원들의 눈도 반짝반짝 빛나기 시작했다. 빵을

(좌) 〈베델교회〉의 '사랑나눔빵'
(우) 갓 구워진 빵은 봉사자들의 손길을 통해 포장된다.

식히고 포장하는 일은 그들의 몫이었다. 황 목사가 부임하기 1년 전부터 봉사를 시작했는데, 지금까지 그 인연을 이어오고 있었다.

밀가루를 반죽하고, 숙성을 거쳐 굽고 포장하고 나누는 과정은 시간이 많이 소요된다. 처음에는 곰보빵, 팥빵, 옥수수빵, 카스텔라, 케이크 등 다양하게 만들었는데, 지속가능한 사역을 하고자 단순화하는 작업이 필요했다. 그래서 지금은 모닝빵에 주력하고 있으며, 한 달에 두 번 빵을 굽는다. 뷔페도 좋지만 때로는 설렁탕 한 그릇에 더 만족할 때가 있지 않은가. 황 목사는 이처럼 신앙생활도 복잡하고 분주하기보다는 단순하지만, 분명한 진리 위에 세워지기를 바랐다.

음식을 만드는 일에는 이유와 목적이 있다. '위함' 즉, 살기 위함이고, 건강을 위함이고, 가족을 위함이고, 이웃을 위함이다. 그래서 대충해서는 안 된다. 그리고 재료에는 창조주의 정성도 담겨 있다. 햇살도 머금었고, 물도 머금었으며, 바람을 통해 시간도 머금었다. 특히 밥을 짓는 일은 정성을 짓는 일이다. 재료에 담긴 창조주의 정성과 더불어 돕는 손길들의 정성이 더해져 사랑이 가득한 양식이 탄생한다.

우연한 자리에서 지리산에서 목회하는 목사님을 만났는데, 황 목사의 사역 이야기를 듣고서 유정란을 보내기 시작했다. 어렵게 목회한다는 소식을 들은 초등학교 친구들도 후원하기 시작했다. 덕분에 안정적으로 유정란과 우리 밀[6]을 살 수 있었고, 건강한 재료로 계속해서 빵을 만들 수 있었다. 함께 하는 벗들이 있어 더할 나위 없이 행복한 일이었다.

"우리 목사님께서 봉사자들과 함께하는 모습이 아름답습니다.
'사랑나눔빵'을 나누는 우리는 사랑의 공동체입니다."

〈베델교회〉 성도들의 한결같은 고백이다. 물론 황 목사에게도 빵은 사랑을 표현할 수 있는 소중한 매개이다. 그래서 황 목사는 빵을 만드는 재정의 일부로 〈사랑나눔빵 장학회〉를 만들어서 지역 학생들이 학업에 어려움

---

6) 우리밀은 수입한 밀과 달리 우리 땅에서 우리 농부의 노동으로 기른 밀이다.

이 없도록 지원하고 있다. 그는 자신의 교회뿐만 아니라, 연회 안에 있는 비전교회를 살리는 일에도 관심을 가지고, 행사가 있을 때마다 '사랑나눔빵'을 통해 기금을 마련하여 마음을 보태고 있다.

빵, 우리 땅의 재료로

황 목사는 유정란과 함께 빵의 주재료인 밀가루 역시 우리 밀을 사용하고 있다. 관세청 수출입 무역통계에 따르면, 2020년 기준 수입되는 식용밀은 2,500,577톤 즉, 250만 톤이 넘는다. 그에 반해 국내에서 유통되는 우리 밀은 겨우 1% 정도이다. 우리나라의 푸드 마일리지가 높은 가장 큰 이유는 바로 수입 농산물의 비중이 상대적으로 높기 때문이다. 푸드 마일리지란, 식품이 생산지에서 소비자에게 오기까지의 이동 거리를 말하는데, 이 수치가 높을수록 식품의 신선도와 안정성도 떨어지지만, 온실가스 배출량도 증가하기 때문에 지구온난화에 영향을 미치게 된다. 뿐만 아니라, 작물의 수입 의존도가 높으면, 식량주권과 안보에도 치명적일 수 있다는 것을 2007년 세계 곡물 파동과 최근의 우크라이나 전쟁 등을 겪으면서 체감하고 있다.

재료비가 부담되기는 하지만, '사랑나눔빵'의 깊은 풍미를 위해 유기농 설탕과 앵커(Anchor) 버터를 사용하고 있다. 앵커 버터는 청정환경에서 목초를 뜯어 먹고 스트레스가 덜한 환경에서 얻은 신선한 우유로 만들어진 버터다. 이렇게 황 목사의 정성과 고집으로 구워지는 빵은 '참살이' 빵이라는 브랜드로 태어났다.

누가 말하지 않아도 정성은 드러나는 것일까? "우리 남편이 밀가루 음식 못 먹는데, 참살이 빵은 잘 먹어요."라는 고백을 황 목사는 종종 듣는다고 한다. 왜 이런 차이가 있을까? 수입 밀은 대량 생산을 위한 농약 사용과 수입 과정에서 싹이 트지 않도록 하는 방부제 처리를 피할 수 없다. 그뿐만 아니라, 소비자들이 보기에 깨끗한 느낌이 들도록 표백제도 첨가한다. 이것이 바로 수입 식재료와 로컬 푸드가 비교되는 점이다.

빵, 약속으로 굽다

2009년부터 모든 재료를 유기농으로 사용하기 시작했으니, 벌써 15년이나 되었다. 예전보다 재료비가 많이 상승했지만, 하나님께서는 지속 가능하도록 길을 열어 주셨다. 계속해서 빵을 만들 수 있도록 후원을 약속하는 사람들과 봉사하겠다고 하는 사람들도 생겼다. 봉사는 시간이 되고 기분이 좋을 때만 하는 취미와는 전혀 다른 일이다. 자신과의 약속이고, 함께 하는 이들과의 약속이며, 봉사의 손길을 기다리는 이들과의 약속이다.

하지만 처음부터 지금까지 사명감으로 함께 해오던 봉사자들도 넘기 힘든 장애물이 있으니, 바로 '세월'이다. 지난 20년 동안 한 번도 빠지지 않고 함께 했던 봉사자들의 손에도 페스츄리 빵처럼, 세월의 흔적이 주름으로 겹겹이 만들어졌다. 물론 처음부터 손발이 맞은 건 아니다. 구워진 빵을 오븐에서 빼고, 식히고, 포장하는 일은 혼자만 잘한다고 되는 일이 아니기 때문이다. 서로 마음을 맞추고 손과 발을 맞춰야 할 수 있는 일이다.

심지어 봉사자들이 모두 기독교 신앙을 가진 것도 아니다. 다양한 종교와 다양한 나이와 각기 다른 생각을 하고 있지만, 빵을 통해 사랑을 나누고자 하는 마음이 다양함 속에서 조화를 이루도록 했다. 요리를 만들기 위해 주방 안에서는 요리사들이 협력해야 하고, 접시에 놓일 음식을 위해선 다양한 재료들의 조합이 중요한 것처럼 말이다.

"이곳에 나와 아침 일찍부터 봉사하고 집에 돌아가면,
몸은 힘들지 몰라도 마음은 더욱 뿌듯해짐을 느낍니다.
또 어려운 이웃들에게 우리가 정성껏 만든 빵이 전달된다고 생각하니,
열정과 책임감이 더욱 생긴답니다."

어느 자원봉사자의 고백이나. 이렇게 약속과 화합으로 만들어진 '사랑 나눔빵'은 30여 개 기관에 정기적으로 보내지고 있다.

〈베델교회〉 한쪽에 걸린 현수막

빵, 사랑으로 굽다

연탄재를 골목에 내다 놓던 시절에 혹독한 추위를 보내던 어느 겨울, 빙판길 때문에 쓰레기차가 올라오지를 못해 집집마다 4~50장씩의 연탄재와 쓰레기봉투가 쌓여가기 시작하던 때가 있었다. 환경미화원들이 몹시 어렵게 쓰레기를 거둬 간 날, 고마운 마음에 시청에 '사랑나눔빵'을 가져다드렸더니, 너무 감사하다며 방송에서 황 목사의 사역을 소개해 주기도 했다.

"단지 배고픔을 해결하기 위해 빵을 나누는 것이 아닙니다.
   빵은 커피처럼 문화입니다."

그래서 황 목사는 '나눠 주는 것'이 아니라, '함께 나누는 것'이라고 말한다. 우스갯소리로 "안 먹어본 사람은 있어도, 한 번만 먹은 사람은 없다."라고 수줍게 말하는 그의 표정에서 대한민국 최고의 빵이라는 자부심을 품고 있는 행복함을 엿볼 수 있었다.

"정말 최고여서 최고이기보다는
   서로 인정하고 존중하기 때문에 최고가 되는 것이 아닐까요?
   우리 봉사팀 모두가 행복한 착각으로
   빵을 굽고 있답니다."

2002년 태풍 피해를 입은 마을의 수해복구를 마치고, 마을 주민들과 음식을 나누며 위로하였다.

참살이 빵은 신선(新鮮)했다. 재료도 신선한 것을 사용하지만, 오븐에서 구워진 빵은 포장이 끝나자마자, 기다리는 사람들을 만나러 가기 때문이다. 온기가 남아있는 빵을 먹는 이들은 빵의 고소함만큼이나 행복하리라. 그리고 참살이 빵은 참 따뜻했다. 봉사하러 오는 사람들이건 빵을 전해주는 사람이건 건네받는 사람이건 빵의 온기를 고스란히 느낄 수 있기 때문이다. 얼마 전 본 영화의 대사가 떠올랐다.

"중요한 건 초콜릿이 아니라, 함께 나누는 사람들이란다."

당연히 이런 신선한 빵을 맛있게 먹는 분들을 만나는 것 자체가 보람이고, 고마운 마음으로 '잘 먹고 있다'라고 인사 한마디 건네시는 분들을 뵐 때마다, 보람을 느낄 것이다. 가까운 사이일수록, 사소한 것일수록 서로를 소중하게 여기고, 감사할 줄 아는 사람이 행복한 사람이기 때문이다.

"빵을 기다리는 분이 한 분이라도 계신다면,
이 일을 계속하고 싶습니다."

황 목사에게 바람이 있다면, 이 사역을 꾸준히 하는 것이다. 빵을 굽고 나눈다고 해서 교회가 양적으로 성장하지는 않을 것이다. 그렇더라도 이

일을 통해 누군가가 그리스도의 사랑을 조금이라도 느낄 수 있다면, 힘이 닿는 데까지 성실하게 임하고 싶다고 했다. 하나님께서 기뻐하시는 일이기에 가능한 것이리라.

거룩한 공교회

하지만 황 목사도 세월은 비껴갈 수 없었다. 청춘이었던 젊은 목회자 부부가 농촌 목회를 경험하고, 도시의 어려운 상황에서 목회를 이어가는 가운데 어느덧 환갑을 넘겼다. 하나님께서 맡겨주신 교회와 사역이 지속 가능할 수 있도록 다음 사역자를 생각하지 않을 수 없다. 단지 내가 시작한 일이 계속되기를 바라는 개인적인 바람이나 소망이 아니다. 이것이 교회의 일이고, 하나님의 일이기 때문이다.

황 목사에게 세월의 흔적이 깃든 만큼, 먼저 그 길을 걸으셨던 부모님도 은퇴 후 노년을 보내고 계신다. 안타깝게도 어머니가 뇌경색으로 요양원에 들어가셔야 했을 때, 무엇보다 필요한 건 재정이었다. 먼저 목회하셨던 부모님도, 현재 목회하고 있는 황 목사도 경제적으로 여유가 있을 리가 만무하다. 부모님을 통해 은퇴 목회자 가정에 은급이 얼마나 중요한지를 눈으로 직접 보고 경험했다. 자녀들이 아무리 많아도 각자 삶의 터전이 있으니

24시간 곁에 있을 수 없고, 병원비와 간병비 등 끊임없이 드는 비용은 모든 가족에게 부담이 될 수밖에 없다. 이런 상황에서 은급제도는 충분하지는 않아도 큰 도움이 되었다. 황 목사는 이것이 공교회의 한 축이라고 생각하고, 은급제도를 잘 살려야겠다는 마음으로 2021년 은급주일에 1천만 원을 후원했다. 적은 액수지만, 매월 일정 금액도 보내고 있다. 교회 재정에서 매월 자동으로 보낼 수도 있지만, 빵 사역과 교회 그리고 개인 재정을 합해서 매월 직접 보내고 있다. 작지만 여러 마음이 모아진 금액임을 잊지 않기 위해서다.

〈베델교회〉 '사랑나눔빵 장학회'가 은급기금에 보태달라며
감리회 교역자은급재단에 후원금을 전달하고 있다.

살리는 사람

황효덕 목사의 이야기를 듣다 보니, 그는 어릴 적부터 다른 사람들을 돌보는 일을 하고 있었다. 아픈 어머니를 치료하는 사람이 되고 싶었고, 청소년과 청년 시절에는 몸살 나도록 인생에 대해 고민하면서, 자신처럼 방황하는 청년들에게 마음을 쏟았다. 그리고 결국 목회자가 되어서 영의 양식과 육의 양식을 만들고 나눔으로써, 이웃을 사랑하고 존중하는 삶을 살고 있었다.

> "교회는 살리는 구조를 만들어야 합니다.
> 빵 사역 역시 대단한 사역은 아니지만,
> 기둥을 하나 세우는 마음으로 지속하고 있습니다.
> 앞으로도 누군가를 통해
> 계속 이어지기를 기도하고 있습니다."

생명을 존중하는 일은 재능이 아니라, 사명으로 해야 한다. 이것은 환경과 조건이 갖추어질 때에만 하는 일도 아니다. 마음을 다하고, 뜻을 다하고, 힘을 다해야 할 수 있는 일이다. 황 목사는 은퇴 후에도 자신이 받게 될 은급에서 십분의 일을 다시 은급재단에 보낼 예정이다. 내 것을 다 줄 수는 없지만, 여러 사람이 한 숟갈씩 보태면 온전한 밥 한 그릇이 나올 수 있다고 생각하기 때문이다. 더 나아가 그는 은퇴 후에도 돌보고 살리는 일을 위해 자격증을 준비하고 있다. 혼자 살기에도 **빠듯한** 세상이지만, 황 목사와 같은 이들이 있어 힘을 내는 이웃들이 더 **많아지기**를 기도해 본다.

#빵 #살림 #존중

베델교회, 사랑나눔빵 장학회 / 충청북도 충주시 사직산11길 28-1

비전교회 후원을 위해 '씨앗 펀드'를 모금하고 있는 황효덕 목사

Story_5

평화를 위해 오늘도 생각한다

평화교회

매일 빵을 굽고, 밤 12시가 되면 전철역 대합실로 달려갔다.
전철 운행이 끝나면, 노숙인들이 역으로 모여들었기 때문이다.
빵을 나누며 "힘내세요. 좋은 시절이 다시 올 거예요."라는 희망을 전하다 보면,
인생과 신앙을 포기했던 사람들이 다시 무릎 꿇고 기도하며 새롭게 시작하기도 하고,
취업 후 다시 가정으로 돌아가서 감사의 인사와 함께 후원자가 되기도 했다.

이번에 찾아갈 교회는 어디 있을까. 평소에는 내비게이션에 목적지를 찍고 도착하기에 급급하지만, 인터뷰 전날 지도를 살펴보면, 여행하는 것처럼 재미있고 설레기도 한다. 지도를 통해 주변 모습들을 살피다 보면, 마치 인터뷰를 하는 것처럼 목적지에 대한 이해도가 높아진다. 이렇게 대상을 이해하고 알아가려고 노력하는 자세가 우리 삶을 더 풍성하게 하지 않을까 생각해 본다.

〈평화교회〉가 위치한 화성시는 2023년 10월 기준 내국인 93만 명, 외국인 5만 명 이상이 거주하는 도시이다. 서해 쪽으로는 드넓은 갯벌과 낙조를 관람할 수 있는 제부도와 전곡항이 있으며, 포도로 유명한 송산읍도 화성시에 있다. 동쪽에는 동탄 신도시가 들어섰고, 사적(史蹟)으로는 사도세자와 정조의 무덤인 '융릉(隆陵)'과 '건릉(健陵)'이 있다. 그래서 정조의 효심을 기리기 위해 매년 10월에는 효(孝) 문화제가 열리는 도시이기도 하다. 〈평화교회〉가 위치한 기산동은 신도시에 인접하고 있어, 이전과 달리 아파트들이 들어서며 빠르게 개발이 진행되고 있었다.

교회에 도착해서 인사를 나누고, 생태목회 이야기를 듣고 싶다는 말을 꺼내자마자, 이수기 목사는 정원을 소개하고 싶다며 밖으로 나갔다. 그날은 자연을 좋아하는 필자조차도 정원에 나가고 싶지 않은 날이었다. 왜냐하면 그날 날씨는 하루 종일 '비'였기 때문이다. '아~ 이분은 정말 자연을 좋아하는구나.' 하는 생각이 들었다.

좋아하는 마음과 사랑하는 마음의 차이를 '조건'으로 구분하는 글을 본 적이 있다. 좋아하는 마음은 조건과 상황에 따라 변할 수 있지만, 사랑은 '무조건'이란다. 비가 오고 바닥이 미끄러워 넘어지는 것이 우려되어도 꽃을 보고 싶고, 보여주고 싶어 하는 이 목사의 첫인상은 자연을 무척 사랑하는 사람이었다.

어쩔 수 없이 따라나간 길이었지만, 이 목사는 무화과 열매를 보고 먹을 복이 있다며 좋아했다. 이 목사는 약을 치지 않았다면서 닦는 둥 마는 둥 바지에 쓱쓱 무화과를 문지르더니 하나를 건넸다. 무화과 열매를 받는 필자보다 더 행복해 하는 것을 보니, "주는 자가 더 복되다."라는 말씀이 떠올랐다. 동시에 경기도 화성, 노지(露地)에서 무화과나무가 월동하다니 신기했다. 이 목사는 교회 정원에 100여 종의 꽃과 나무를 심었는데, 봄이 되면 정원이 온갖 꽃들로 가득 찬단다. 비 내리는 가을에 만난 것을 못내 아쉬워하면서 우리는 인터뷰를 위해 마주 앉았다.

화성시 기산동에 위치한
〈평화교회〉 전경

외환위기와 노숙인

1997년, 〈평화교회〉를 개척한 이 목사는 그해 말에 IMF 외환위기를 맞았다. 그리고 이때부터 노숙인의 수가 증가하면서, 홈리스들을 위한 사회적 노력이 필요하기 시작했다. 우리는 흔히 노숙자(露宿者) 문제, 노숙자 대책이라고 이야기한다. 그 단어에 익숙해져 있고, 길들여져 있다. 그러나 정식 명칭은 노숙자가 아니라, '이슬을 맞으며 한뎃잠을 잔다'는 의미로 '노숙인(露宿人)'이다. 영어로는 Houseless가 아닌 Homeless라고 표현하는데, 여기에는 많은 의미가 담겨 있다. 단지 거주할 공간이 없는 것이 아니라, '가족과 함께 사는 집'이 없는 이를 말하는 것이기 때문이다. 다시 말해 노숙인은 물리적 의미보다 정서적 의미가 담긴 말이다.

보통은 교회를 개척하면서 경제위기가 시작되었으니 걱정이 앞설 만도 한데, 이 목사의 마음은 오히려 가벼웠다고 한다. 할 수 있는 일, 해야 할 일이 분명해졌기 때문이었다. 개척을 준비하면서 세웠던 목회 방향을 수정해야 했지만, 이 목사는 '어쩌면 저 노숙인들을 위해 하나님께서 지금 교회 개척을 시키셨구나'하는 마음이 들었다. 갈 곳을 잃고 길 위에서 생활하는 저 사람들을 어떻게 위로하고 복음을 전할 수 있을까 고민하다가, 사람에게 필요한 영의 양식과 더불어 육의 양식으로 빵을 만들 계획을 세우게 되었다.

개척 초기에는 교회가 외국인 노동자들이 많이 거주하는 곳에 있다 보니, 교회 구성원의 70%가 이주 노동자였을 뿐만 아니라, 생활이 어려운 이들이 많아서 빵을 함께 먹고 나누기 시작했다. 이 일로 분배정의를 기대할 수는 없겠지만, 빵을 통해 만나는 사람들만이라도 평화로워지기를 바라는 마음으로 교회 이름도 〈평화교회〉라고 지었다. 1998년 4월에 시작했으니, 지금까지 26년 정도 해왔다.

믿음, 그리고 용기와 결단

보통 제빵을 배우고 싶은 사람들은 학원부터 알아볼 테지만, 이 목사는 제빵 기계부터 덜컥 사들였다. 오븐을 설치하고 전기를 승압하면서, 하나님께서 빵 굽는 사람들을 보내주실 것이라는 믿음이 생겼다고 한다. 그리고 실제로 그랬다. 빵 재료를 구하기 위해 재료 상회를 갔다가, 제빵학원 원장과 연결되었다. 그들과 이 목사가 하고자 하는 일을 나누다가 제빵 학원 강사들이 직접 봉사에 동참하게 되었다. 그렇게 매일 빵을 굽고 밤 12시가 되면, 전철역 대합실로 달려갔다. 전철 운행이 끝나면, 노숙인들이 역으로 모여들기 때문이었다. 빵을 나누며 "힘내세요. 좋은 시절이 다시 올 거예요."라는 희망을 전하다 보면, 인생과 신앙을 포기했던 사람들이 다시 무릎 꿇고 기도하며 새롭게 시작하기도 하고, 취업 후 다시 가정으로 돌아가서 감사의 인사와 함께 후원자가 되기도 했다.

빵이 필요한 사람들은 비단 노숙인뿐만은 아니었다. 마을에는 장애인들을 돌보며 함께 살아가는 목회자들이 있었다. 이 시설과 빵이 필요한 여러 기관에 정기적으로 빵을 공급했다. 제빵 기술이 늘면서 케이크도 만들게 되었다. 이후 매달 장애인 시설을 방문하여 생일잔치를 열어 주면, 그렇게 좋아할 수가 없었다. 사역은 점점 확대되어 갔다. 교도소와 소년원 등 교정시설에도 빵을 가지고 방문하여 위로와 함께 복음을 전했다.

1년에 대체 빵을 몇 개나 구울 수 있을까. 이 목사는 예수님의 오병이어 기적만큼은 만들고 싶다고 했다. 성경처럼 장정 5천 명이 먹고도 열두 광주리가 남을 만큼 나누려면, 지금 굽는 빵의 크기로 6만 개 정도는 만들어야 한다는 계산이 나왔다. 생각해 보니, 하루에 보통 500개를 구우니 1주일에 2천 개, 1년이면 10만 개 정도다. 생각보다 많이 만들고 있었고, 성탄절에는 1,500여 개의 케이크를 추가로 제작한다. 처음 개척했을 때는 트레이가 4개 들어가는 기계를 매일 돌렸는데, 엘리베이터가 없는 상가 3층이어서 밀가루, 설탕, 우유 등 무거운 재료를 매일 계단으로 짊어지고 올라다녀야만 했다.

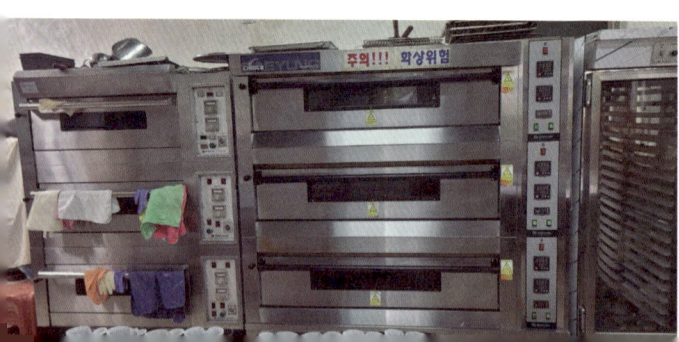

〈평화교회〉 제빵실에 마련된 오븐

물고기 대신 낚싯대를 - 〈투웰브 바스켓〉

　복음을 전하는 일에 빵을 나누는 것이 큰 도움이 되는 것을 경험하면서, 그동안 축적된 기술과 경험을 원하는 사람 누구에게나 전해주기로 마음을 먹었다. 세 평만 있어도 기계를 놓고 빵을 구울 수 있어서, 배우고자 하는 열정을 가진 사람에게는 직접 기계를 설치해 주고, 기술도 전수해 주고 있다. 2002년부터는 해외 선교에도 열정을 쏟기 시작했다. 6·25 전쟁에 참전한 16개국 외에도 전쟁 이후 수많은 나라들이 도움을 준 것을 기억하며, 이제는 우리가 그 빚을 갚아야 한다는 생각이 생겼다. 해외 선교사들이 제빵 기술을 배워서 복음을 전하면 좋겠다 싶어서 시작한 일이 지금까지 국내외 40여 곳의 카페와 제과점에 빵을 공급할 뿐만 아니라, 제빵 기술도 전수하고 있다.

　〈투웰브 바스켓(12 Baskets)〉이라는 브랜드는 네팔 등 중앙아시아에서 선교의 거점이 되고 있다. 〈투웰브 바스켓〉은 오병이어(熬餅二魚) 기적에서 배불리 먹고도 열두 광주리의 부스러기가 남았던 것처럼, 작은 부스러기들을 모아 다시 기적을 만든다는 의미로 지은 이름이다. 〈투웰브 바스켓〉을 통해서는 해외에 일자리를 제공할 뿐만 아니라, 직원들에게도 삶 속에서 자연

『누군가 사랑하면 누군가 산다』의 저자 조슈아 뭉흐 목사 (몽골·울란바토르, 새생명교회)와 사역자들에게 제빵 기술을 전하는 이수기 목사

스럽게 복음을 전하고 있다.

2022년 2월, 우크라이나에서 전쟁이 일어났는데, 그 전쟁이 길어지겠다는 생각이 들었다. 그래서 그곳에 빵공장을 세우기로 마음을 먹고, 사순절부터 기도하기 시작했다. 우크라이나는 세계 3위 안에 드는 밀 생산국이고 전 국민이 빵을 먹고 빵을 구울 줄 아는 나라이지만, 전쟁으로 수많은 사람이 가족을 잃고 집을 잃었으니, 그들에게 먹을 것이 필요한 건 당연한 일이었다. 495㎡(150평) 부지에 기계를 수입해서 들여놓고, 5개월에 걸쳐 전기를 설치하는 일은 설렘보다는 오히려 초조하게 만들었지만, 얼마 전 완공하여 드디어 가동을 시작했다. 쉬운 일은 아니었다. 돌이켜보면 순간순간 하나님의 예비하심이 있었음을 고백할 수밖에 없었다.

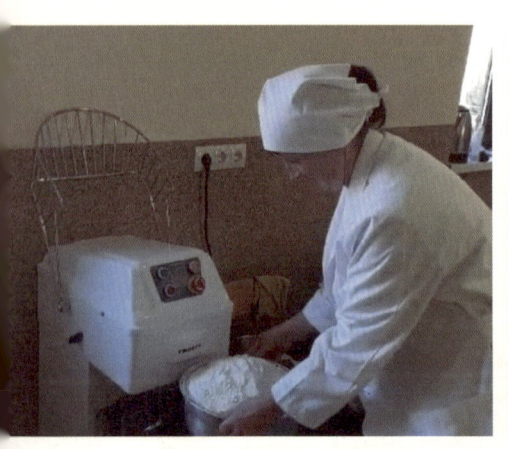 

(좌) 우크라이나 '베들레헴' 빵공장. 부지런히 빵을 구워 전쟁으로 가장을 잃은 가족들과 생계에 어려움을 겪는 이웃에게 생명을 나누고 있다.
(우) 유리섬유강화플라스틱(FRP)으로 제작한 청소키트를 이웃교회와 나누고 있다.

우리 동네 청소대장

평화교회 마당 한쪽에는 다양한 교회의 이름이 새겨진 노란 상자들이 가지런히 놓여있었다. 대체 어디에 사용하는 걸까? 교회에서 빵을 구우니 빵을 담는 수레일까? 교회 정원에 꽃이 가득하니 꽃을 나르는 수레일까? 정답은 거리 청소를 위해 맞춤 제작된 수레다. 청소자의 안전을 위해 노란색으로 제작한 것이 인상적이었다. 뿐만 아니라, 겨울에도 깨지지 않도록 유리섬유강화플라스틱(FRP, Fiber Reinforced Plastics)을 사용했다는 이야기를 듣고 한번 더 놀라지 않을 수 없었다. FRP는 배를 만드는 재료로, 기계로 찍지 못하고 손으로 한땀 한땀 만든다고 한다. 그러다 보니 플라스틱보다 비용이 훨씬 더 많이 들지만, 교회를 통해 마을 청소가 지속 가능하도록 과감하게 투자했다는 말에서 그의 진심을 느낄 수 있었다.

예전에는 버스 정류장마다 그리고 거리 곳곳에 쓰레기통이 있었는데, 지금은 모두 사라졌다. 지구가 몸살을 앓고 있는 건 단지 핵 오염수나 공장 폐수, 농약 때문만은 아니다. 담배를 피우고 버린 꽁초들, 카페에서 테이크아웃(Takeout)하고 버려진 일회용 컵들, 차창 밖으로 버려진 갖가지 쓰레기들이 이미니의 품 같은 대지를 더럽히고 있다. 더욱이 교회 인근 사거리는 교통사고가 자주 발생하는 곳이어서 견인차량이 늘 대기하고 있다. 그러다 보니 하루 종일 시동을 켜고 있는 견인차량에서 나오는 배기가스와

담배꽁초, 일회용품 쓰레기가 끊이지 않는다. 노란 청소키트는 오늘도 말 없이 마을을 다니며, 사람들이 편리하게 사용하다 버리고 간 쓰레기를 주워 담고 있을 것이다.

'Cleanliness is next to godliness.'

이 목사가 좋아하는 문구다. 이것은 랍비들이 사용하던 경구를 웨슬리가 빌려서 사용한 것으로, '깨끗함과 경건함 사이는 막힘없이 가깝다.'라는 의미다. 청소에는 아마 그 이상의 의미가 담겨 있지 않을까. 이 목사는 지금까지 청소키트를 제작하기 위해 6천만 원 정도를 사용했는데, 앞으로도 1억 원 정도를 더 투자하여 청소키트를 제작하고 나눌 계획이다. 코로나 시국을 보내면서 위생과 보건 의식이 더 중요해진 요즘, 교회가 교회 앞마당뿐 아니라 마을도 깨끗이 하면서, 마을 주민들과 자연스럽게 만날 수 있는 길이 되기를 바라고 있다.

언제나 현장으로

이 목사의 빵 사역은 언제나 구제사역의 일부였다. 2023년 충청북도 괴산 지역에는 마을 전체가 수몰될 정도의 폭우가 쏟아졌다. 이 목사는 뉴스를 통해 소식을 접하자마자, 봉사자들을 모아서 현장으로 달려갔다. 이 목사는 그저 빵만 전달하고 오지 않는다. 하루 정도 일손을 보태고 오는 것도 아니다. 이 목사는 며칠씩 재난 현장에 머물면서 필요한 것을 채우기 위해 노력한다. 물론 출발하기 전부터 성도들과 빵을 굽고 포장하는 일은 기본이다.

"일상의 생태(生態)가 무너지면,
 생태 현장을 복원하는 일이 우선입니다."

2023년 괴산 지역의 수해복구 현장

위험에 빠진 사람들이 눈에 보이면, 이 목사는 반사적으로 몸이 먼저 움직인다. 걱정만 하거나 피할 생각을 하기보다는 일단 현장으로 달려간다. 그리고 그는 함께 하자며 주변 사람에게 권면한다. 이제는 재난 소식이 들리면, 그들이 먼저 같이 가자고 연락이 올 정도다.

얼마 전엔 뉴스를 보다가 코로나로 인해 미얀마 사람들이 폐가 굳어가며 죽어가는 모습을 보았다. 그리고 병원에는 산소통을 메고 뛰어다니는 사람들이 있었다. 쿠데타 때문에 병원이 문을 닫아서 산소통 구하기도 어렵다는 소식을 듣고, '산소호흡기 100대만 보낼 수 있으면 수많은 사람을 살릴 수 있겠구나' 하는 생각이 들었다. 그래서 그 즉시 가정용 산소치료기를 구해서 보냈다. 재정이 넉넉해서 하는 일은 아니지만, 마음먹고 기도하기 시작하면 채워주시는 은혜를 매번 경험하고 있었다.

바람의 통로

교회가 있는 동네 양쪽은 이미 신도시로 개발이 되었고, 교회가 위치한 동네도 곧 신도시 개발을 앞두고 있다. 하지만 이 목사는 이렇게 모조리 개발되어서는 안 된다고 생각한다. 도시와 도시 사이에도 바람길이 필요한데, 개발을 통해 빌딩들이 들어선다고 하니 벌써부터 숨이 막혀 온다고 했다.

이런 도시화 속에서 교회라도 바람의 통로가 되고 싶어서 이 목사는 교회 주차장 빈 곳에 다양한 꽃들로 가득한 녹색정원을 만들었다. 필자가 방문한 날엔 비가 내려서인지, 정원 곳곳에 커다란 고무 대야들이 놓여있었다. 사실 여기저기 놓인 대야들과 깡통들이 정리가 안 된 듯 보였다. 필자의 마음을 읽었는지 이 목사는 처마에서 내려오는 빗물이 아까워 이렇게 커다란 통들을 주욱 늘어놓고 빗물을 받고 있다고 말해주었다. 첫 번째 목적은 빗물을 재활용하기 위해서이지만, 내 집 앞의 눈은 내가 쓸 듯이, 내 집으로 내린 빗물이 내 땅에 흡수되어야 아랫마을에 홍수가 나지 않는다는 생각으로 빗물을 받고 있었던 것이다.

〈평화교회〉 정원은 교회 구성원들만을 위한 곳은 아니다. 지나는 이들이 잠시 쉬는 곳이고, 걸음을 멈춘 그 자리에서는 언제나 이야기꽃이 피어오른다. 이 목사는 교회를 종교적 목적을 위해서 뿐만 아니라, 이웃과 소통하며 평화를 만들어 가는 공간으로 만들고 싶어 한다. 그래서일까? 〈평화교회〉에는 차(茶)가 많았다. 매일 빵을 구우니 성도들뿐만 아니라 찾아오는 손님들을 위해서도 이 목사는 차를 많이 준비해 놓는다. 작두콩, 수세미, 익모초, 엉겅퀴, 돼지감자 등 정원에 심어놓은 것에서 열매를 거두고 말린 덕에 몸에 좋은 차가 다양하게 준비되어 있었다. 누구든지 〈평화교회〉에 가면, 구수한 차 한잔과 평화로운 시간을 선물로 받을 수 있을 것이다.

비 오는 날, 정원 곳곳에서 대야에 빗물을 받고 있다.

이 목사는 늦은 시간까지 정원에서 시간을 보낸다고 한다. 할 일이 많아서라기 보다는 지나가는 사람들을 만나기 위해서란다. 그래서 정원에 세워진 팻말에는 '마음 정거장'이라고 씌어있었다. 지나가는 사람들이 '정거장'이라는 글자를 보고, 정말 정원에서 잠시 쉬어간다고 한다. 그럼 이 목사는 그들과 평화의 인사를 나누기도 하고, 기회가 되면 잠시 대화를 하기도 한다. 이 목사는 생태적 목회, 생태적 삶은 도시이건 농촌이건 상관없다고 말한다.

"어떤 마음을 가지고 사는지가 중요해요.
가로수 길의 쓰레기를 치우고 꽃을 심으면, 자신만의 정원이 됩니다.
허물어진 담장에도 넝쿨 식물을 심으면,
회색 공간이 녹색공간으로 변하지요.
땅이 없다고 말하기 전에 해가 비치는 곳에 작은 풀이라도 심는 것이
생태적 삶이라고 생각합니다."

이 목사는 마을을 돌며 청소하다가도 버려진 화분을 발견하면 교회로 가지고 온다. 가정이나 상가에서 버리는 화분을 주워 와서는 꽃을 심는 것에 만족하지 않고, 그 화분을 버스 정류장과 사람들이 많이 다니는 마을 곳곳에 다시 내놓는다. 생태적 목회, 자연 친화적 목회란 어떤 것인지 궁금해하는 분들에게 이 모습이야말로 자연스럽고 생태적인 목회라고 소개하고 싶다.

이렇게 바쁜데 이 목사는 설교를 어떻게 준비할까? 부교역자가 있어서 설교를 분담하는 것도 아닌데, 대체 어떻게 준비하는지 자못 궁금했다. 그는 정원에서 설교 준비를 한다고 했다. 꽃을 가꾸며 드는 생각들도 놓치지 않고 메모해 둔다. 그렇다고 즉흥적으로 드는 생각을 바탕으로 설교하는 것은 아니다. 성서 일과에 따른 본문을 묵상하고, 그리고 거기에 자연과 현장에서 얻어진 경험들이 더해져 그의 설교를 따뜻하게 만들어가고 있었다.

버려진 화분이 교회에 와서 다시 생명을 찾고 있다.

삶이 메시지가 될 때

이 목사는 '끊임없이 생각해야 한다'라고 조언했다. 사도 바울이 '생각건대', '생각하거니와', '너희는 이것들을 생각하라', '분별하라'라는 말을 자주 했던 것처럼, 내가 그리스도인으로 살아가고 있는지, 내 삶이 복음이 되어 사람들에게 전해지고 있는지를 끊임없이 돌아보고 생각해야 한다고 말한다.

> "내 삶의 모습이 메시지가 될 때,
> 진정한 전도가 된다고 생각합니다."

사람들과 만나기 위해, 그들에게 복음을 전하기 위해, 그는 끊임없이 생각하고 끊임없이 밖으로 나간다. 정원 한 모퉁이에는 항아리가 50여 개나 놓여있다. 그 항아리들은 멀쩡한 것이 아니라, 금이 가거나 깨지거나 모양이 틀어져서 사용할 수 없는 것들이었다. 사용할 수 없어서 버려진 항아리를 이 목사는 하나씩 하나씩 주워 와서 쌓아두었다. 왜냐하면 항아리 앞에서 만날 수 있는 사람들이 있다고 생각해서다. 나이가 든 여성들은 저마다 항아리에 대한 향수가 있을 것이다. 고향, 마당 그리고 때로는 어머니를 떠올리기도 한다. 항아리를 통해 추억을 선물하고, 만일 마음이 통한다면 복음도 함께 선물하기 위해, 그는 오늘도 버려진 항아리를 소중하게 닦는다.

동력이 된 가난

이 목사와 함께 있다 보니, 무척 건강한 사람이라고 느껴졌다. 요즘 유행하는 MBTI 유형은 잘 모르지만, 별명이 '에너자이저'라고 소개했다. 이 목사는 소위 슬럼프라는 것도 없었다고 한다. 때로는 지치기도 했을 테고 회의감이 몰려오기도 했겠지만, 자신을 필요로 하는 사람들이 많아 뒤를 돌아볼 새도 없었다고 한다.

> "상처 입은 치유자라는 말이 있어요.
> 내가 정말 치유자가 되기 위해서는
> 끊임없이 상처를 입을 수밖에 없습니다."

실제로 이 목사에겐 상처가 많았다. 마음의 상처까지는 알 수 없었지만, 정원을 돌보고 거리를 청소하면서 그의 몸에 난 상처를 보는 것으로 충분했다. 마음의 상처가 왜 없겠는가. 수많은 사람에게 평화로운 세상을 만들기 위해 함께하자고 손을 내밀었을 때, 그의 손을 잡아 주기보다 거절당했던 상처가 훨씬 많았다. 마을에서도 수많은 사람에게 인사를 건네도 인사를 받아주는 사람보다는 거절하는 사람이 훨씬 많았다. 그러나 그는 알고 있다. 비슷한 상처가 있는 사람을 통해 공감하고 치유되는 일들이 있음을. 그래서 그는 상처받는 것을 두려워하지 않는다.

이 목사는 어떤 계기로 이렇게 힘든 일만 찾아서 하게 되었을까. 그는 모두 인생의 경험에서 나왔다고 말한다. 어머니가 그를 임신하셨을 때는 '둘만 낳아 잘 키우자'라는 가족계획이 한창이던 시기였다. 가정형편도 넉넉하지 않아서 어머니는 넷째였던 그를 지우려고 하셨다. 그래서 돈 대신 쌀을 가지고 병원에 갔는데, 병원에서는 돈 없는 어머니를 받아주지 않았다. 가난 덕에 그는 세상의 빛을 보게 되었지만, 8살에 아버지가 돌아가셔서 아버지와의 추억보다는 질병으로 인한 고통에서 괴로워하시던 기억과 함께 가난의 굴레에서 벗어날 수 없었다.

아버지 없는 설움은 말도 못했다. 누가 뭐라고 하지 않아도 누가 눈치를 주지 않아도 늘 눈치를 보며 살아야 했다. 그러던 중에 동네에 교회가 생겼고, 하나님을 '아버지'라 부를 수 있는 교회가 좋아서 신앙생활을 시작한 것이 지금까지도 가난한 자들과 병든 자들을 돕는 원동력이 되고 있었다.

동네에서 제일 가난한 덕에 외국 원조로 진행된 지역 개발사업 대상으로 선정되었고, 이 목사가 초등학교 3학년 때 송아지 한 마리를 받아 키우게 되었다.

"친구들은 학교 다녀오면 공을 차러 나갔지만,
나는 낫을 들고 풀 베러 산과 들로 다녀야 했어요.
비가 와도 나가야 했고, 천둥 번개가 쳐도 나갔지요.
나는 굶어도 송아지는 굶길 수 없었으니까요."

그렇게 송아지는 소가 되었고, 중학교 때까지 다섯 마리의 소를 키워 땅을 살 수 있었다. 마중물이 얼마나 중요한지 어릴 적부터 경험해서인지, 아무리 작다 할지라도 그 도움이 얼마나 중요한지 그는 알고 있었다. 어릴 적 경험했던 가난이 그로 하여금 배고픈 사람을 외면하지 않도록 이끌었던 것은 아닐까.

그래서 신학교를 졸업하고 첫 목회지로 나갈 때에도 제일 어려운 곳으로 가겠다고 기도했다. 그리고는 충청남도 당진 앞바다에 있는 '국화도'라는 섬으로 들어갔다. 교회가 없는 아주 작은 섬이었지만, 배를 타고 다니며 이 섬에 교회가 세워지기를 기도했던 '섬(島) 선교회'와 방학이면 서울에서 내려와 봉사활동을 했던 대학생들 덕분에 마을 주민들이 마음을 열어 그곳에 교회가 세워질 수 있었다.

행함과 진실함으로

이 목사는 한 마디로 행동이 앞서는 사람이다. 그는 자신이 꿈꾸는 세상을 말보다는 행동과 삶으로 전하고 싶어 한다. 그래서 목회자가 성경을 잘 가르치는 일이 물론 중요하지만, 배운 대로 사는 것도 너무 중요하다고 말한다. '네 이웃을 네 몸같이 사랑하라' 하신 가르침을 따라 살려고 노력할 때, 많은 사람들이 공감해 주었다. 그래서 이 목사가 꿈꾸는 교회의 모습은 언제든지 도울 준비가 되어 있는 교회다. 자신들을 찾는 곳이 있다면, 순례자처럼 언제든지 떠날 준비가 되어 있는 교회가 되도록 노력하겠다고 말한다. 더 좋은 소식으로 다시 만날 것을 약속하며 아쉬운 발걸음을 돌렸다.

"자녀들아, 우리가 말과 혀로만 사랑하지 말고,
행함과 진실함으로 하자."
(요일 3:18)

버려지고 깨져 상처 난 항아리가 향수를 불러일으킨다.

#빵 #재난구호
#자립프로그램

평화교회 / 경기도 화성시 효행로 1205-33

Story_6

약한 것을 강하게
미문의 일꾼교회

40년 동안 방에만 있던 이웃 할머니의 아들은 도시락을 가지고 갈 때마다 조금씩 집 밖으로 나오려고 노력했다. 점점 친밀해지면서 할머니와 아들은 방 문턱을 넘고 집 대문을 넘어 교회까지 나올 수 있었고, 장애인 작업장에 출근하면서 건강한 삶을 되찾았다. 음식을 나눔으로 친밀해졌고, 그 친밀감이 누군가의 삶을 변화시켰다. 그래서 김 목사는 하나님과 나 사이에 틈 하나 없는 친밀감으로 가득 찬 곳이 '천국'이라고 고백한다.

오늘은 월미도와 연안부두가 떠오르는 인천을 향해 달린다. 인천은 필자가 태어나서 30년 동안이나 거주했던 고향이다. 더욱이 방문할 교회가 위치한 동네는 필자의 외가댁이 있는 영종도에 가기 위해 배를 탔던 만석부두가 있는 동네였다. 마치 어릴 적 살았던 고향을 방문하는 기분이었다. 아침 일찍 여유롭게 출발하여 인천에 들어섰다. 큰 길이 아닌 구도심의 골목 골목을 지나 목적지로 향했다.

인천이라는 도시를 생각하면 모든 것이 바다와 연결되어 있다. 지금은 공항이 들어선 영종도를 비롯해 수많은 섬을 품고 있는 인천 앞바다와 소래포구, 연안부두, 월미도 공원이 떠오른다. 인천대교가 2009년에 완공되면서 영종도에 있는 을왕리 해수욕장까지 자동차로 편안하게 갈 수 있게 되었지만, 예전에는 월미도에서 1시간마다 운행하는 배를 타고 선상에서 갈매기에게 새우과자를 던져주던 재미를 느끼며 다녔다. 혹시라도 물때로 인해 월미도 선착장을 이용할 수 없을 때, 만석동에 있는 만석부두에서 배를 이용해야만 했다. 그때나 지금이나 월미도에는 관광객들이 많지만, 시간이 많이 흘렀어도 만석동이나 만석부두를 방문하는 사람들은 많지 않다. 인천광역시 중구 화수동, 비록 인천 끝자락이지만 〈미문의 일꾼교회〉가 역사를 간직하고 있는 곳이다.

개항 도시

〈미문의 일꾼교회〉를 소개하기 전, 잠깐 인천의 역사와 한국 근대사를 이해할 필요가 있다. 화수동에는 화도진(花島鎭)이 있는데, 19세기 중반 중국과 일본에 진출해 있던 서양의 여러 나라가 조선의 개방을 요구했을 때, 서해안의 방위를 강화하기 위해 고종 16년(1879)에 강화도에서 캐온 돌로 축조된 진영이 화도진이다. 강화도를 지키는 1차 방어기지였던 초지진처럼, 화도진은 서해에서 서울로 통하는 수로를 지키는 곳이다. 그래서 이곳에 군인과 그 가족들이 모여 살면서 마을이 이루어졌고, 둔전[7]을 통해 평상시에는 농사를 지으면서 살다가 전시에는 나라를 지키는 군사 요지가 되었다. 바다로 뻗은 긴 땅의 모습이 멀리서 볼 때는 섬처럼 보여서 '곶섬'이라는 이름이 붙었는데, 시간이 흐르면서 꽃섬으로 와전되어 지금의 '화도(花島)'로 불리게 되었다.

결국 1876년 강화도조약(한일수호조약)에 의해 제물포항(현, 인천항)이 개항되면서, 이곳은 일본인과 중국인뿐만 아니라, 유럽인들이 들어오면서 자연스럽게 상권이 형성되었다. 그리고 노동 인력이 필요해지면서 다른 지역의 조선인들도 모여들기 시작했다. 하지만 중심 지역에는 일본인들이 자리를 잡았고, 조선인들은 변두리로 밀려날 수밖에 없었다.

---

7) 지방에서 주둔하는 군대의 군량을 위해서 경작하는 밭.

오랫동안 수도권 전철 1호선의 종착역인 인천역은 경인공업지대를 관통하는 화물과 여객 운송의 중요한 축이었다. 일제 강점기 시대에는 쌀과 소금을 수탈하는 통로로 이용되면서 수도권 일대의 쌀들이 모이는 창구가 되었고, 일본인들이 즐겨 마시던 청주(사케)를 만들기 위한 양조업이 자연스럽게 발달하기도 했다.

지역에서 만들어지는 술을 보면 그 나라의 물 상태도 알 수 있다고 한다. 유럽의 위스키나 와인과 달리 우리나라의 술은 물을 그대로 사용하기 때문이다. 그만큼 물이 깨끗해야 한다. 지금이야 물도 사서 먹는 시대가 되었지만, 우리나라 수돗물은 식수로 사용하기에도 부족함이 없다.

1960년대만 해도 쌀이 부족해 집에서 술을 담그는 것이 불법이었던 시절도 있었다. 그런데 1930년대에 이 지역에서 술을 빚은 걸 보면, 많은 쌀이 수탈되어 이곳으로 들어왔음을 짐작할 수 있다. 피와 땀으로 거둔 쌀을 빼앗겼는데, 그 쌀이 일본 술로 사용되는 것을 본 농민들의 마음은 어땠을까.

인천도시산업선교회

시간은 흘러 해방이 되었지만, 다시 전쟁을 겪으면서 무너진 삶의 터전을 다시 세우고자 했던 많은 사람의 삶은 여전히 힘들었다. 농촌의 환경은

김도진 목사가 개항 이전의 화수동 지역 지도를 보며 설명해 주고 있다.

더욱 팍팍했기에 더 나은 삶을 꿈꾸며 농촌을 떠나 너도나도 도시로 향하던 1960년대와 70년대, 사람들이 몰리는 곳에서 돈은 벌 수 있었지만, 노동과 주거 그리고 환경 문제들이 새롭게 등장했다. 산업화를 거치는 가운데 인천 개발계획에서도 늘 밀려나 있던 인천의 끝자락 화수동 지역은 두말할 것 없었다.

〈미문의 일꾼교회〉를 방문하고자 내비게이션을 찍고 도착할 즈음에 작은 집들 사이로 좁은 도로들이 보였다. 자동차가 다니니 골목이라고 할 수는 없지만, 중앙선도 없는 좁은 도로로 사람들과 자전거, 오토바이, 택배 차량이 뒤엉켜 다니고 있었고, 언덕배기를 지나 내려오다 보니 푸드뱅크 차량들이 주차된 곳에 〈미문의 일꾼교회〉라는 이정표가 보였다. 때마침 외출했다가 돌아오는 김도진 목사와 인사를 나누고, 그를 따라 지하로 내려갔다. 덥고 습한 여름에 에어컨마저 고장 나서 미안한 마음을 감추지 못하는 그의 얼굴에서 오히려 나는 시원함을 느낄 수 있었다.

김도진 목사는 〈인천도시산업선교회〉 8대 총무이자, 〈미문의 일꾼교회〉(이하 〈일꾼교회〉) 담임목사이다. 적지 않은 나이임에도 한참 어린 후배 목사를 대하는 그의 모습에서 진솔함과 겸손함을 느낄 수 있었고, 그런 자세로 살아왔기에 어렵지만 기꺼이 그 자리를 지켜낼 수 있었음을 돌아오는 길에 고백할 수 있었다.

〈일꾼교회〉는 1974년 '인혁당 사건'의 진실을 알리려다 국내에서 강제 추방됐던 조지 E. 오글(George E. Ogle, 한국명: 오명걸) 목사가 세운 '도시산업선교회'에서 시작되었다. 1954년 미연합감리교회 선교사로 한국에 들어온 오글 목사는 특히 노동문제에 관심이 많았다. 오글 목사는 산업화의 중심이자 노동자들이 모여 있었던 인천시 동구 화수동에 1961년 10월 초 가집을 한 채 사들여, 한국인 목사들과 함께 〈인천산업전도위원회〉를 조직하였다. 오글 목사는 '그리스도는 교회뿐만 아니라, 공장에도 계시다'라는 믿음과 '노동자들의 인권보장 없이는 민주화가 실현될 수 없다'라는 신념으로 노동자들에게 복음을 전했을 뿐만 아니라, 도시화와 산업화 과정에서 생기는 문제들을 기독교적인 가치관을 가지고 풀어보려고 애썼다.

〈인천도시산업선교회〉(이하 〈인천산선〉)는 이런 믿음과 정신으로 민주노동운동을 지원하던 중에 1970년대 '동일방직 사건'이 일어난다. 이 사건으로 수많은 노동자가 해고되었고, 여성 노동자들은 〈인천산선〉 지하실에 모여 예배를 드리고, 무기한 단식농성에 들어가기도 했다. 그 사건으로 인해 오글 목사가 본국으로 추방된 뒤, 초가집이었던 인천산선이 있던 자리에 새롭게 건물을 짓고 교회가 세워졌다. 교회가 노동자들의 피난처가 된 것이었다.

1 〈인천산선〉 근처에 있던 제철소 앞에 서있는 조지 E. 오글 목사.
발밑의 철로는 인천항과 공장지대를 잇는 북부해안선 철로이다.

2 1970년대 〈인천산선〉 주변 모습.
조세희 작가가 쓴 연작소설 『난장이가 쏘아올린 작은 공』의 배경이기도 하다.

3 1962년 〈인천산선〉의 모습.
조지 E. 오글 목사는 1936년 지어진 이 초가집을 매입해서 〈인천산선〉 회관으로 썼다.
수많은 노동자가 이곳을 드나들었다.

도시화의 그늘과 푸드뱅크

1990년대로 접어들면서 민주노조가 제도권에 정착하게 되면서, 종교계가 노동운동에 나서지 않아도 될 만큼 조직이 안정되었다. 그 이후 〈인천산선〉도 자연스럽게 변화되기 시작했다. 노동문제보다는 도시화로 인한 주거 문제와 환경 문제 그리고 도시빈민 문제에 관심을 가지게 되었다. 도시가 개발되기 시작했지만, 그 혜택을 받지 못하거나 오히려 도시개발로 인해 밀려나는 빈민들이 눈에 들어왔다. 게다가 1997년 말, IMF가 시작되면서 실직자들이 생겨났다. 하루아침에 직장을 잃은 사람들과 상담하면서, 김 목사는 많은 이들이 집에 쌀이 떨어져서 끼니 걱정을 한다는 사실에 깜짝 놀랄 수밖에 없었다. 매년 경제가 성장하여 호황을 누리던 20세기에도 밥걱정을 해야 하는 사람들이 있었다. 그래서 교단을 초월하고 종교를 초월하여 뜻이 있는 사람들이 모여 음식을 나누기 시작했는데, 그것이 '푸드뱅크'로 발전하게 되었다.

지방자치단체마다 운영하는 푸드뱅크 사업은 음식을 나누는 일뿐만 아니라, 음식이 버려지지 않도록 돕는 환경의 영역이기도 하다. 코로나 이전에는 15년 정도 학교 급식을 나누기도 했다. 학교에서는 급식을 여유 있게 준비하다 보니 음식이 남을 수밖에 없었다. 그래서 학교마다 방문해서 도시락으로 다시 포장해서 필요한 가정에 전해주었다. 하지만 코로나로 인해

학교 출입이 어려워지면서 아쉽지만 중단할 수밖에 없었다.

우리 주변에는 혼자 사는 어르신, 조부모와 사는 아이들 그리고 맞벌이로 인해 혼자 집에 있는 아이들이 생각보다 많다. 이웃들의 관심과 사랑이 필요한 그들에게 음식을 나누는 일은 한 가정의 안전 여부를 확인하는 길도 되었다. 한 주에 두세 번 방문하면서 말벗도 해드리고, 진료가 필요해 보이면 병원에도 보내드리고, 혹 더 필요한 부분은 행정기관의 도움을 받을 수 있도록 안내하기도 했다.

양식을 나누기 위해 준비하고 있는 〈푸드뱅크〉 차량

도시락을 배달해 드리던 할머니 한 분이 계셨는데, 어느 날은 그 집에 할머니 말고 또 한 사람이 있는 걸 알게 되었다. 정신질환을 앓고 있는 장성한 아들이 그 집에 그림자처럼 살고 있었다. 40년 넘도록 밖에 나오지도 못하고 집 안에서 그림자처럼 지냈기에, 이웃들도 아들의 존재를 알지 못했다. 그 후로 도시락을 가지고 갈 때마다 40년 동안 방에만 있던 아들은 조금씩 집 밖으로 나오려고 노력했다. 관계가 깊어지면서 할머니와 아들은 방 문턱을 넘고 집 대문을 넘어 교회까지 나올 수 있었고, 이후 장애인 작업장에 출근하면서 건강한 삶을 살게 되었다.

〈인천산선〉에서 운영하던 신용협동조합.
노동자들의 상부상조를 도모했던 인천산선의 주요 사업이었다.

어떻게 보면 도시락이 가능하게 해준 일이었다. 음식을 나눔으로 친밀해졌고, 그 친밀감으로 누군가의 삶이 변화될 수 있었다. 그래서 김 목사는 하나님과 나 사이에 틈 하나 없는 친밀감으로 가득 찬 곳이 천국이라고 고백한다.

가난하게 살 권리

도시화의 역설적 문제 중 하나는 공동화 현상이다. 도시개발계획이 발표되면서 개항 이후부터 활발하게 움직이던 공장들이 지방으로 이주하기 시작했다. 노동자들도 마을을 떠날 수밖에 없었고, 빈집들이 늘어나면서 동네는 점점 슬럼화되기 시작했다. 소외되었던 지역에 개발 소식은 과연 희소식일까? 적어도 그 지역에서 오랫동안 살아왔던 대부분 사람에게는 그렇지 못했다. 대부분이 노동자들이거나 그들과 함께 어울리며 살아왔던 이들이기에 세련된 아파트와 빌딩들은 그저 그림의 떡일 수밖에 없었다.

집은 단지 잠을 자기 위한 공간이 아니라, 한 사람 또는 가족들이 시간과 이야기를 담아가는 공간이다. 재개발로 인한 강제수용은 작고 불편해도 자유롭게 살 권리를 **빼앗기는** 것이기도 하다. 분양권을 우선적으로 받지만, 중도금을 내지 못한 대부분 사람은 그곳에 남고 싶어도 남을 수가 없다. 그래서 원주민이 재개발 지역에 정착하는 비율은 20% 미만이다. 이곳이 저렴한 비용으로 주거공간을 마련할 수 있었던 인천의 마지막 지역인데, 여기서도 밀려나면 그들이 선택할 수 있는 곳은 거의 없다. 가난이 부끄러움이 되어서는 안 된다. 가난이 무능력의 또 다른 이름이 되어서도 안 된다.

> "우리들에게 불편하게 살 권리, 가난하게 살 권리도 있어야 합니다.
> 재개발로 건물만 쓸어버리는 게 아니죠.
> 건물 안에는 사람들이 살고 있어요.
> 일방적인 재개발은 건물이 아니라,
> 사람을 쓸어버리는 것과 다름없습니다."

김 목사는 주거환경 개선 또는 도시 환경미화라는 이름으로 보통 사람들의 삶의 터전을 빼앗을 권한을 누가 주었는지 우리에게 질문을 던지고 있었다.

역사, 지켜야 할 아름다운 문화

재개발 소식이 들려오면서 〈인천산선〉(일꾼교회)도 개발지역에 수용될 위기에 처했다. 수용돼서 보상금을 받고 새로 이전하면, 보다 쾌적한 환경에서 사역할 수도 있고, 새로운 사람들과 새롭게 시작할 수도 있겠지만, 김 목사와 〈인천산선〉의 생각은 달랐다.

당시 노동자들이 불의하게 탄압받았을 때, 어디에서도 그들을 받아주지 않았다. 그때 기꺼이 자리를 내어준 곳이 '지금 그곳에' 있는 〈일꾼교회〉였다. 국가의 경제성장에 한 축을 담당했던 공업단지에서 수많은 노동자와 대학생들이 저녁마다 모여 함께 공부하고, 희망찬 내일을 위해 매일 토론하고, 기도했던 공간이었다. 단지 추억이 사라지는 것이 아쉬워서 철거를 반대하는 것이 아니었다. 이 건물을 비롯한 주변 마을은 근현대사뿐만 아니라, 대한민국 산업사와 노동운동 역사를 품고 있는 현장이었다. 기억하고 싶지 않고 지저분하다는 논리로 역사와 문화적인 자산들이 소중하게 여겨지지 않는 현실이 슬프기만 했다.

〈도시산업선교위원회〉 초기 모습

그래서 김 목사와 뜻을 같이하는 사람들, 〈인천산선〉 역사의 한 페이지를 함께 써왔던 많은 사람이 함께 단식하기로 했다. 단식은 '곡기를 끊는 일'이다. 각오하고 하는 일이다. 목숨보다 중요한 일임을 몸으로 보여주는 일이다. 진인사대천명(盡人事待天命)이었을까? 아니면 뜻이 있는 곳에 길이 열린 것이었을까? 때마침 인천의 산업 역사와 관련된 학술적 활동들이 펼쳐지면서 힘을 얻게 되었다. 모두가 관심을 가지고 뜻을 모아준 덕분이었다. 몇 번의 협상을 거쳐 결국 이축(移築)하기로 결정되었다. '이축'은 건물을 허물지 않고 그대로 보존하면서, 장소만 옮기는 것이다. 신축보다 시간과 비용이 많이 들지만, 역사적 가치는 돈으로 매길 수 있는 것이 아니다. 한국의 근현대사와 함께한 〈인천산선〉은 그만큼 역사적, 학술적 가치가 높기 때문이다.

이축 후에는 지방문화재로 등록할 예정이다. 60년대에 초가집이었던 곳을 1976년에 지금의 모양으로 신축하면서 세웠던 계획이 있었다. 지역 주민을 위한 주민센터 그리고 노동자들이 마음 놓고 편안하게 드나들 수 있는 노동자들의 집과 사회 변화를 위한 공간으로 사용하겠다는 마음으로 건축했었다. 당시에는 선교사를 통해 원조받아 건축하는 것이 당연했지만, 조지 E. 오글 목사는 그렇게 생각하지 않았다. 한국인 목회자들이 스스로 센터를 짓도록 권면했다. 김 목사는 그때 그 정신을 잊지 않고 다시 이어가려고 한다.

교회 역사자료실에 걸린 액자들

미문의 일꾼교회

　김도진 목사가 신학생이었던 시절에는 학생 대부분이 사회 문제에 관심이 많았다. 장애인 사역에 마음이 있었던 그는 학교를 졸업하고, 지체장애인들이 모이는 〈미문교회〉에 부임해서 16년 동안 사역을 이어오던 중, 〈인천도시산업선교회〉로부터 총무 자리를 제안받았다. 그런데 선교회의 총무는 〈일꾼교회〉의 담임목사를 겸직하게 되어 있었다. 그래서 김 목사는 1998년도부터 〈인천산선〉의 총무와 더불어 〈미문교회〉와 〈일꾼교회〉를 함께 섬기고 있다.

〈일꾼교회〉는 개척 당시 '노동자교회'로 이름을 지었으나, '노동자'라는 단어가 금기시되던 시절이어서 지역주민의 정서를 고려해 노동자의 순 한글인 '일꾼'으로 이름을 고쳐 지금의 〈일꾼교회〉가 되었다고 한다. 그는 장애인 공동체인 〈미문교회〉의 정체성과 〈일꾼교회〉의 정체성을 그대로 살리고 싶어서, 이후 〈미문의 일꾼교회〉로 교회 이름을 바꾸었다. 이제는 노동자들 대신 장애인들과 예배를 드리고 있다. 장애인들은 일을 하고 싶어도 여전히 노동시장에서 환영받지 못한다. 우리 사회가 장애와 성(性)을 어떻게 인식하고 있으며, 그들을 어떻게 대하고 있는지를 노동 현장이 여실히 보여주고 있다.

〈인천산선〉을 방문하는 이들이 교회 이름의 '미문'이 무슨 의미냐고 물어보고는 한다. 신약 사도행전에 나오는 '미문(美門)'은 이방인의 뜰에서 여인의 뜰로 들어가는 예루살렘 성전 동편 출입문의 이름이다. 금과 청동으로 된 장식물의 정교함이 아름다워 붙여진 별칭이다. 이곳은 베드로와 요한이 예수 그리스도의 능력에 의지하여 이 문 앞에서 구걸하던 앉은뱅이를 고쳐주었던 곳이기도 하다. 그러나 김 목사는 그저 '아름다운 문'이라고 간단하게 설명했다.

> "문은 다른 세계로 들어가는 통로이자 경계입니다.
> 〈미문의 일꾼교회〉는 지금까지 그래왔던 것처럼, 앞으로도 진정 아름다움을 품고 있는 신앙공동체가 되길 바라고 있습니다."

식구를 위한 빵, 전병

식구(食口)는 '음식을 함께 먹는다'는 의미를 품고 있다. 그렇다면 신앙 공동체 역시 밥을 함께 먹는 식구요, 가족이라 할 수 있다. 예배 후 이뤄지는 주일 애찬(愛餐) 뿐만 아니라, 영의 양식을 함께 나누고, 특히 성찬을 통해 떡과 잔을 한 공간에서 함께 먹고 마시면서 그들의 정체성을 확인할 수 있다. 그래서 김 목사는 성찬에 사용되는 전병에 관심이 많았다.

김 목사가 젊었던 시절, 전병은 대부분 수입이었고, 제과점에서 판매하는 카스텔라 외에는 대안이 거의 없었다. 그는 얇은 수입 전병을 보니 만들 수 있을 것 같았다. 그래서 직접 생산할 수 있는 기계를 만들어 보겠다고 하나님께 서원했다. 뻥튀기 만드는 기계를 개조하면 가능할 것 같아서 구로공단과 영등포에 있는 철공소를 찾아다니며 자문을 구했다. 하지만 어렵다는 답변만 들었다. 겨우 기계 하나 만들자고 시간과 정성을 들이기는 어려웠던 것이다.

〈좌〉 독일 주문 기계 〈우〉 전병 제작 중 습도 조절 단계

그런데 독일에 있는 지인을 통해 어렵게 전병 만드는 기계를 구할 수 있었다. 당시 기계값 이천만 원에 관세가 오백만 원이 넘었지만, 하나님의 은혜로 기계를 한국으로 들여올 수 있었다. 하지만 기쁨도 잠시, 전병 만드는 방법을 몰랐던 그는 연구에 연구를 거듭해야만 했다.

얇은 전병 만드는데 무슨 비법이라도 있냐고 할 수 있지만, 작을수록 얇을수록 만들기 어려운 법이다. 밀가루의 밀도가 일정해야 하고, 부서지지 않게 동그란 모양으로 자르는 것이 핵심이었다. 처음에는 방법을 몰라 고생하다가, 어느 수녀원을 통해 제조 비법을 어렵게 배울 수 있었다. 그 과정도 역시 은혜였다.

40대 후반부터 지금까지 우리 땅에서 생산된 우리 밀로만 만들고 있다. 제품(전병)의 크기는 비록 작지만, 그에 비해 시간과 정성이 많이 들어가는 작업이다. 전병은 돈으로 얼마든지 살 수 있다. 하지만 상업적인 방법으로 유통되지 않았으면 했고, 제과점이 아닌 신앙을 가진 사람들의 손으로 만들어지기를 바랐다. 이렇게 직접 만든 전병이 한국교회를 건강하게 세우는 데 작은 보탬이라도 되기를 바라는 마음이 간절했기에, 하나님과의 약속을 지킬 수 있었나 보다. 은퇴를 얼마 남기지 않은 김 목사는 원하는 교회가 있다면 적은 양이라도 여전히 전병을 만들고 있다. 오백 원 동전 크기(지름 26.5cm)만한 신자용과 목회자가 사용하는 지름 6cm 크기의 집례용 두 가지를 제작하고 있다.

약한 자들의 친구

김도진 목사는 첫 목회를 시작한 후 은퇴를 몇 년 앞둔 지금까지 줄곧 약한 자들과 함께 해왔다. 그러나 약한 자들을 대하는 그의 모습은 목사로서 섬기고 돕는 자세가 아니었다. 보통 서로 친하게 어울리는 관계를 친구라고 하고, 서로 마음이 통하는 벗을 지음(知音)이라고 하는데, 김 목사는 장애인들, 노동자들 그리고 양식이 필요한 사람들과 마음을 나누는 '지음(知音)'으로, 어깨동무, 길동무, 말동무로 살아왔다. 혹 그에게 다른 길을 걷고 싶은 마음은 없었을까? 다른 이들이 부러워하고 가고 싶어 하는 길 대신 좁은 길을 택하고, 끝까지 걸어온 선배 목회자가 자랑스럽다.

> "나는 선한 싸움을 싸우고 나의 달려갈 길을 마치고 믿음을 지켰으니,
> 이제 후로는 나를 위하여 의의 면류관이 예비되었으므로,
> 주 곧 의로우신 재판장이 그날에 내게 주실 것이며,
> 내게만 아니라 주의 나타나심을 사모하는 모든 자에게도니라."
> (딤후 4:7~8)

#산업선교 #푸드뱅크 #전병

미문의 일꾼교회 / 인천광역시 동구 화도로 55

〈미문의 일꾼교회〉 김도진 목사

Story_7

조각돌의 항해
방주교회

디자인의 시대, 감성의 시대를 지나 이젠 스토리의 시대가 왔어요.
사실 성경도 대부분 이야기로 채워져 있잖아요.
우리 교회에도 스토리가 있어야겠다는 생각이 많이 들어요.
서로가 20년 동안 빚어낸 아름다운 믿음과 헌신의 이야기가
지금 이 교회의 뼈대가 되었듯이, 앞으로 써 내려갈 이야기를 위해
기도하고, 대화하고, 열심히 목회하고 있습니다.

강원도 삼척시 원덕읍 옥원이천길 74, 서울에서 차로 4시간 이상 가야 다다를 수 있는 곳. 〈방주교회〉는 행정 구역상으로는 강원도이지만, 경상북도 울진군에 더 가까운 삼척 끝자락에 자리 잡고 있다.

〈방주교회〉는 한국에서 흔히 떠올리는 개신교회와는 구별되는 독특한 외관으로 최근에 전국적인 관심을 받고 있다. 고딕 양식이나 로마네스크 양식의 가톨릭 성당은 흔히 볼 수 있지만, 유럽 수도원을 본떠 설계된 개신교회는 흔치 않기 때문이다. 그래서 유럽에 도착한 것 같은 분위기의 교회를 보고 있자면, 교회의 건축 과정이 가장 먼저 궁금해진다.

한국 개신교회 건축의 새로운 이정표를 세운 〈방주교회〉

"강병근 교수님이 우리 교회 건축 설계를 해주시면서
세 가지를 당부하셨어요.
(자신이 한) 설계 변경하지 않기, 지역주민을 위해 교회 공간 개방하기,
그리고 건축 작정헌금 안 하기.

처음에 이 당부를 지키려고 하니 엄두가 나지 않더군요.
공간을 지역주민에게 개방하는 것은 큰 무리가 없었지만,
나머지 두 제안은 쉽사리 납득되지 않았어요.
새로운 교회에서 펼쳐질 여러 기대를 품은 교우들이 생각나기도 했죠.
하지만 강 교수님의 당부에 순종하기로 하고, 건축이 시작되었습니다."

〈방주교회〉의 새 성전 건축은 서승원 목사의 표현에 따르면, '패키지여행'이었다. 건축가와의 약속을 지키려면 교우들의 바람이나 담임목사의 비전은 조금 무르고, 짜인 계획과 설계에 몸을 맞추는 연습이 필요했다. 그리고 방주교회 교우들은 2년 반의 건축 기간에 새로운 몸과 마음가짐으로 자신들의 시간과 정성을 들여 설계 도면으로는 막연하게만 보였던 교회를 손수 세웠다.

새 성전 건축은 물론 〈방주교회〉의 자랑이지만, 방주교회의 저력은 교회가 이곳에 처음 개척된 때로 거슬러 올라가야 제대로 이해할 수 있다. 방주교회는 2004년 삼척시 원덕읍 호산리에서 시작되었다. 신학대학원 졸업 후 인천에서 사역하던 서승원 목사가 한 장로님의 제안으로 이곳으로 내려

와 헌신적으로 교회를 섬기면서, 지역아동센터를 비롯해 지역 사회를 위한 목회로 마을을 보듬고 일구는 교회로 발돋움했다.

원래 삼척시 원덕읍은 송이버섯 생산지로 전국에서 손꼽히는 곳이었다. 그 유명세만큼이나 마을 대부분이 풍족한 삶을 누렸다고 한다. 하지만 몇 해 전 삼척, 울진 일대를 덮친 대화재로 인해 순식간에 마을 전체가 송두리째 무너진 이후, 많은 가정이 붕괴되고, 아이들이 제대로 된 교육과 돌봄을 받지 못하게 되었다.

서승원 목사는 허망한 상황 속에서 가장 취약해지기 쉬운 아이들을 위해 헌신적인 목회를 시작했다. 그런 서 목사의 기도와 돌봄은 〈방주교회〉의 기틀이 되었다. 지역 공부방을 만들어 가정에서 몸과 마음에 상처를 입고 지친 아이들이 새로운 힘과 꿈을 얻는 방주가 되길 원하는 마음으로 열정적으로 사역한 결과, 장년 50명, 아동부 40명, 청소년 20명이 선을 이루며 예배자로 성장해 갔다.

개척 초기의 〈방주교회〉

그러다 교회가 있던 바닷가 마을에 대규모 화력발전소와 LNG 기지가 들어서면서, 이주 계획을 세워야 했다. 교회 이전을 위해 새 보금자리를 찾아야 했기에, 서 목사는 절박한 심정으로 교회와 마을을 위해 좋은 거처를 찾아다녔다. 그러던 찰나에 우연히 시작된 강병근 교수와의 인연은 위기 앞에서 만난 뜻밖의 소망과 감사의 기회가 되었다.

강병근 교수는 건국대학교 건축학과 명예교수로, 한려해상공원 외도 '보타니아', 제주 '에코랜드', 경기도 가평 '쁘띠프랑스' 등을 설계한 건축 대가다. 당시 강 교수는 자신이 초, 중, 고등학교를 다녔던 삼척의 지역 발전을 위해 자문을 하던 중이었다. 그러던 중에 마을 사람들과 이주 계획을 세우고 있던 서 목사의 부탁으로 교회 설계에 참여하게 된 것이다. 처음에 서 목사는 남해의 독일마을처럼 이주민 마을을 계획했지만, 여러 복잡한 사정이 얽혀 결국엔 교회와 마을이 모두 함께 이주할 수 없게 되었다. 하지만 서 목사는 교회가 구심점이 되어 순식간에 삶의 터전을 옮기게 된 이들

〈방주교회〉의 성물과 목제가구 대부분은 서승원 목사와 교우들이 직접 제작하였다.

을 위한 목회를 하고자 했고, 그의 이야기를 들은 강 교수는 흔쾌히 무료 설계로 화답했다. 강 교수의 재능 기부로 지금의 〈방주교회〉가 세워지게 된 것이다.

설계비는 전혀 들지 않았지만, 〈방주교회〉의 위기는 여전히 계속되고 있었다. 마을 전체가 이주하며 받은 보상금은 토지 매입과 건축비로 쓰기에도 턱없이 부족했고, 심지어 강 교수가 당부한 세 가지 원칙은 현실적으로 교회 건축에 도움이 되지 않는 것들이었다. 하지만 교회는 강 교수가 제안한 세 가지 원칙을 지키기로 뜻을 세우고 나아갔다. 앞으로 펼쳐질 일은 아무도 예상하지 못했지만, 아브람이 갈대아 우르를 떠나 하란으로 향하듯, 노아가 대홍수를 준비하며 방주를 만들 듯, 〈방주교회〉 식구들은 차근차근 믿음의 이주를 시작했다.

"나중에 알게 된 사실이었지만,
 강 교수님이 교회 건축 설계를 해주시면서 하신 당부는
 오롯이 이 교회를 위한 간곡한 부탁이었어요.
 방주교회 전에 다른 교회 건축 설계를 하시면서 체감한 경험에서
 비롯된 것이었죠.
 교회가 건축 설계를 두고 다양한 의견 대립으로 갈라지고, 다투는 모습,
 이왕 건축하는 김에 부린 조그만 욕심이 쌓여
 감당하지 못할 정도로 건축비가 늘어나는 일들을 숱하게 목격하면서,
 '설계 변경 금지'라는 단호한 결정을 내리신 것이었어요.

심지어 다른 교회 설계 때는 '교회 관계자 출입 금지'를
내거시기도 했대요.

당시엔 막막했지만 깊은 뜻을 알고서는
'이런 뚝심이 우리 교회 건축을 가능하게 했구나'라는 생각이
들었습니다. 더불어 그런 뜻을 저보다 더 진실히 헤아려 주고,
매일 함께 교회를 세워준 우리 교인들의 헌신이
이렇게 교회가 세워질 수 있었던 이유인 것 같아요."

    교회 건축 동안 어느 교회나 생각보다 복잡하고 많은 변수를 경험한다. 건축하다가 혹은 건축이 마무리된 후에 어려움을 겪는 교회도 수두룩하다. 거기다가 교회 형편도 넉넉하지 않으니, 서승원 목사와 교우들이 느꼈을 막연함과 두려움이 얼마나 컸을까. 그러나 〈방주교회〉에는 현실에 무너지지 않을 저력이 있었다. 그것은 다름아닌 하나님을 향한 깊은 신뢰와 교우들이 그동안 쌓아온 연대의 힘이었다. 교회 건축을 단순히 건물 짓는 행위로 생각하는 교우는 단 한 명도 없었다. 코로나라는 악조건에도 그들은 각자의 물질과 시간을 들여 손수 배선을 깔고, 창틀을 만들고, 도배와 색칠을 하고, 타일을 붙였다. 그리고 그런 그들의 정성은 선한 영향력으로 전국 곳곳에 전해져, 〈방주교회〉를 돕는 손길이 끊이지 않았다.

〈방주교회〉 새 예배당 건축은 교우들의 자발적인 헌신과 전국 곳곳에서의 돕는 손길로 이루어졌다.

"지금의 방주교회가 있기까지 우여곡절이 많았어요.
하지만 그동안 하나님이 저희를 훈련하신 것은 아닌지 자주 생각해요.
교회 건축이 결정되었지만, 상황이 녹록지 않았던 2017년에
교우들과 필리핀 원주민 목사님이 사역하시는 교회로 단기 선교를
간 적이 있어요.

가서 보니 현지에 교회가 절실하게 필요했어요.
그동안 썼던 교회 공간을 비워줘야 해서
당장 (필리핀) 교인들이 갈 데가 없다는 거예요.
저희도 건축헌금을 한 푼이라도 모아야 하는 상황이지만,
그 이야기를 들은 교우들이 같은 마음으로
그 교회를 건축하자는 결정을 내렸어요.
심지어 필리핀에 가서 교인들이 직접 한두 달 동안 공사를 해주고 왔죠.

그렇게 필리핀 교회 봉헌을 하고 났더니
전혀 예상하지 않았던 강병근 교수님과의 만남,
그리고 세 가지 약속을 하게 된 거예요."

함께할 때 아름다움으로 빚어진다

〈방주교회〉 새 성전을 설계대로 세우기 위해서는 붉은 기와 5만 장과 상당량의 벽돌과 타일이 필요했다. 창문도 280여 개나 되었기 때문에, 단열을 위해 견고한 내장재도 절실했다. 세 가지 약속과 무상으로 받은 설계도는 기뻤지만, 앞으로의 과제가 산더미였다. 하지만 서 목사와 교우들은 조금씩 꾸준하게 교회 건축 현장에 발길을 이었다.

> "언제 누가 오고, 어떻게 하는지에 대한 계획을 세우지 않았어요.
> 그런데도 교우들이 알아서 와서 같이 일하고 공사를 했죠.
> 시간이 지나니까 본인들이 뭘 해야 할지를 알더라고요.
> 정리 정돈에 뛰어난 집사님은 현장 기술자들을 도와 정리를 하고,
> 어떤 교우는 시멘트 믹싱을 하고,
> 장로님은 철을 잘 다루셔서 골조 공사에 참여하셨죠.
>
> 효율과 계획보다 우선 '교회'를 향한 마음을 정하고 서로 일했더니,
> 3년 동안 누구 하나 서운해하거나 상처받은 사람 없이
> 교회를 세울 수 있었어요.
> 또 필요했던 자재들도 여러 사람의 도움과 기부로 다 채웠고요."

인터뷰하면서 들은 〈방주교회〉의 건축 과정은 어안이 벙벙해질 일들의

연속이었다. 3년의 교회 건축 동안 〈방주교회〉 교우들은 서로의 '함께함'이 얼마나 아름다운 일인지 새삼 체감했고, 올바른 '순종'과 '믿음'의 여정이 무엇인지를 경험했다. 화려하고 완전한 교회로 만들자는 욕심 이전에 '있는 그대로의 아름다움'에 기꺼이 삶으로 응답한 끝에, 눈길이 잘 가지 않는 강원도 산골 마을에 모두가 주목하는 순례의 공간을 빚어냈다.

"어려운 공사였어요.
내장재를 손수 채우고, 골조를 세우고,
일반 타일도 아닌 유럽 타일을 붙이는 일은 불가능한 것처럼 보였죠.
그런데 잘 마무리되었어요.
어린 친구들이 청바지에 흰 티만 입어도 멋지고 예쁘듯이,
화려하지 않아도 그 자체가 아름다운 공간으로 빚어지면
그것으로 충분하지 않을까요.

저희가 2층 비전 센터에 단 조명이 얼마인지 아세요?
한 개에 5,000원도 안 해요.
그런데 손수 조명을 설치하고 올려다봤어요.
'비싼 게 좋은 게 아니구나.
잘 어울리는 게 좋은 것이구나.'라는 것을 알게 됐지요."

〈방주교회〉 교우들이 하나 되어 빚어낸 교회 구석구석은 서 목사의 소개처럼 비싼 화려함이 드러내지 못하는 멋으로 알차게 채워져 있다. 〈방주교회〉는 붉은 기와지붕 아래 네 채의 건물이 세워졌고, 28개의 기둥이 교회

를 받치고 있다. 기둥과 건물 사이에는 사진으로만 보면 유럽의 여느 수도원이라고 믿을 정도의 분위기를 가진 회랑이 나 있다. 교회를 둘러 순례길을 만들 구상도 하고 있다.

교우들의 손으로 한 장 한 장 쌓아 올린 지붕

교회 건물은 크게 예배당, 돌봄시설(지역아동센터, 독서실), 노아 카페로 구성되어 있는데, 그 사이마다 여러 개의 방이 마련되어 있었다. 예배당을 포함한 모든 공간은 강 교수와의 약속대로 누구에게나 개방하는 것을 원칙으로 삼고 있다. 예배당은 무료 예식장과 뮤지컬, 연극 등을 위한 공연장으로 개방할 계획이며, 크고 작은 방들은 교회학교 교육실과 합주실, 녹음실로도 사용할 예정이다.

건축자들이 버린 돌이 모퉁이의 머릿돌이 되었다

〈방주교회〉는 새 성전의 건축 디자인이 아니고서도 다채로운 이야기를 간직한 교회다. 특히 폐 장(長)의자로 만든 십자가와 테이블은 교회 곳곳에서 깊은 영성이 돋보이는 인테리어 요소로 그 몫을 톡톡히 감당하고 있었다. 교회 구석구석을 둘러보면서 본 여러 모양의 십자가와 교회 곳곳에 놓인 테이블은 〈방주교회〉가 겸손하고 부지런하게 선교적 사명을 감당하고 있다는 사실을 고스란히 느끼게 해주었다.

이 장(長)의자들은 전국 각지의 교회에서 쓰다가 버린 의자들이다. 장의자를 가지고 오는 운임도 비싸고 분해하기도 번거롭지만, 일부러 장의자를 가져와 십자가와 테이블을 만드는 이유는 무엇일까. 장의자로 십자가를 만드는 일은 스트레스를 받거나 힘든 시기를 버티게 해주는 안식이자 영성 훈련이라고 말하는 서 목사의 사무실에는 상하좌우로 다양하게 뻗은 십자가들이 가득했다.

〈좌〉 산불로 인해 타버린 나무를 깎아 만든 십자가
〈우〉 버려진 장의자로 만든 〈노아 카페〉 테이블

"이 십자가는 지난 산불 때 새카맣게 탄 나무를 깎아 만든 십자가예요.
또 이 테이블을 보시겠어요.
테이블 다리가 뭔가 익숙하지 않으세요?
맞아요. 예배당 장의자를 분해해서 만들었어요.

교회가 건축하거나 리모델링을 하면서
예배당 장의자나 제단으로 쓰던 가구를 버리는 걸 자주 접해요.
그런데 이것들이 다 우리의 신앙과 영성과
깊게 연결된 물건들이라고 생각해 본 적 없으신가요?
이 의자에서 기도하고, 찬송도 부르고, 예배를 드렸을 텐데…
그 세월의 흔적이 고스란히 이 장의자에 새겨져 있다는 생각이 들었어요.

예수님께서 인용하신 시편 118편의
'건축자들이 버린 돌이 모퉁이의 머릿돌이 되었다.'라는 말씀처럼,
이 장의자가 쉽게 버려져서는 안 될 물건이라는 생각이
강하게 들었어요."

〈방주교회〉의 장의자 사역을 보면서 교회 공간에서 쓰는 물건에 대한 태도를 성찰해 보게 된다. 영성 차원에서 보면, 교회에서 쓰이는 사물은 단순한 물건으로 치부될 수 있는 것이 아니라, 우리 신앙의 태도와 자세를 곱씹고 기억하는 웅숭깊은 상징으로서 의미가 있다. 더불어 장의자를 재활용하는 것은 지구온난화를 넘어 지구열대화 시대에, 교회에 던지는 새활용 모델이 될 수 있다는 점에서 눈길이 갔다. 지속 가능한 발전과 순환이 적극적으로 요구되는 시대에 오래된 나무 의자가 선순환되는 과정은 건강한 선교적 사례이지 않을까.

방주를 타고 나아갈 새로운 여정

〈방주교회〉 건축 이후 서승원 목사와 교우들은 이제 한결같은 순종으로 세운 이 교회, 하나님이 허락하신 새로운 공간에 걸맞은 목회 지향을 고민하고 있다.

> "저는 요즘 교우들과 우리의 이야기에 대해 많은 대화를 나눠요.
> 디자인의 시대, 감성의 시대를 지나 이젠 스토리의 시대가 왔어요.
> 사실 성경도 대부분 이야기로 채워져 있잖아요.
>
> 우리 교회에도 스토리가 있어야겠다는 생각이 많이 들어요.
> 서로가 20년 동안 빚어낸 아름다운 믿음과 헌신의 이야기가
> 지금 이 교회의 뼈대가 되었듯이,
> 앞으로 써 내려갈 이야기를 위해 기도하고, 대화하고,
> 열심히 목회하고 있습니다."

노아 카페

방주교회 이야기는 앞으로 어떻게 펼쳐질까. 우선 〈방주교회〉를 방문했던 계기이기도 했던 먹거리 사역은 교회의 중점 사역으로 발전하고 있었

다. 〈노아 카페〉는 단순히 음료를 파는 공간이 아니라, 지역에서 생산되는 먹거리를 파는 공간으로 활용되고 있었다. 그래서 먹거리를 생산하는 교우들의 봉사와 헌신은 교회를 통해 지역주민들이 서로 돌보고, 생태적 삶을 지속하기 위한 마중물 역할을 한다.

〈방주교회〉는 현재 500평 규모의 밭에서 감자를 재배할 뿐만 아니라, 콩, 오디, 블루베리, 팥 등을 직접 키워 카페에서 판매하는 음료도 직접 만든다. 카페에서는 여선교회에서 만든 '뜸북장'(청국장)과 미숫가루도 판매하는데, 이 수익금으로는 선교비를 감당하고 있다. 〈노아 카페〉의 좋은 품질과 맛이 입소문이 나서 멀리서 일부러 찾아오는 이들도 있으며, 지역에서 농산물을 생산하는 교우들의 훌륭한 판매처가 되기도 한다. 이제는 로컬푸드 판매장으로서의 역할이 더욱 확장되기를 기대하고 있다.

〈노아 카페〉는 교우들이 정성껏 재배한 농산물을 가공해
판매하는 로컬푸드 매장의 역할을 톡톡히 하고 있다.

"수제 음료를 만드는 일이나, 농산물 재배나 하나같이
수고로운 일이에요.
하지만 수고 너머의 정성스러운 태도와 좋아하는 마음으로 섬기는 것이
앞으로 우리가 펼칠 사역의 원동력이 되리라 기대합니다."

무엇 하나 소중하게 다루지 않는 게 없는 〈방주교회〉의 힘은 어디서 나오는 것일까. 교회가 펼치는 다양한 사역을 들으면서, 〈방주교회〉의 소명 의식이 선명하다는 사실을 발견할 수 있었다. 시대에 필요한 상황과 주제를 찾기에 앞서 자연과 사람, 교회와 지역 사회가 조화를 이루는 복음적인 삶과 신앙을 이어가고 있으니, 자연스레 시대와 지역 상황에 필요한 선교 방식과 그 선교를 이룰 수 있는 공간을 허락하신 것 아닐까.

교회를 둘러보고 돌아오는 길에 〈방주교회〉에서 가장 인상적이었던 280개 창문을 떠올리며 이 교회가 품은 숨결을 위해 잠시 기도했다. 많은 창을 내어 빛과 바람이 자연스레 교회를 넘나들 듯, 새로운 희망과 공존의 사역이 순조롭게 이어지길 바랐다. 더불어 "건축자들이 버린 돌이 모퉁이의 머릿돌이 되었다."(시 118:22)라는 말씀을 허투루 듣는 법이 없는 태도가 지속되길 바란다.

누구 하나 관심 주지 않는 소도시의 작은 마을에 세워졌지만, 사소한 것 하나도 허투루 대하지 않고 사명을 일구는 이들의 태도는 교회가 빛과 소

금의 역할을 점점 잃어가고 있는 시대에 소박하지만, 단단한 희망을 포기하지 않게 한다. 진심을 가지고 나무를 켜고 깎아서 만든 십자가와 테이블, 땀 흘려 재배한 각종 농산물, 그리고 한 사람의 귀중함을 누구보다 중요하게 여기는 성도들이 어우러져 살아가는 〈방주교회〉가 앞으로 한국교회의 미래를 밝히는 신선한 모델로 자리매김하길 기대해 본다.

#수도원스타일교회
#노아카페 #회랑있는교회

방주교회 / 강원도 삼척시 원덕읍 옥원이천길 74

〈방주교회〉 이야기는 이미 전국적으로 주목 받고 있다.

Story_8

오늘은 충실하게, 미래는 명랑하게
자연담은 걸작 (새날을여는청소년쉼터)

소박해 보이지만 단단한 열정과 진심으로 새로운 내일을 만들어 가고 있는 〈걸작〉. 자신의 변화로부터 세상의 변화를 꿈꾸며 한 걸음 한 걸음 나아가는 모습에 취재하는 내내 힘과 용기를 얻었다. 〈걸작〉 바리스타들은 "커피 한 잔의 여유와 힘을 제공할 수 있는 사람이 되고 싶다."라는 마음가짐으로 작품(Girl-作)을 만들어 가고 있다.

서울 지하철 2호선 신대방역과 신림역 사이 도림천 변은 서울에서도 유난히 다가구주택과 오피스텔, 1인 가구가 많다고 알려진 동네다. 멀리 보이는 여의도 고층 빌딩과 천변을 따라 늘어선 대단지 고층아파트 건너 조밀하게 세워진 빌라촌, 그 사이에 자리 잡은 카페는 보기에는 평범한 동네 카페지만, 한 걸음 들어가 보면 다양한 이야기가 펼쳐지는 공간이다.

〈자연담은 걸작〉(자연담은 girl-作, 이하 〈걸작〉)은 사회의 돌봄과 관심에서 소외된 채 도시의 밤거리에서 여러 위험에 노출되었던 청소년들의 자립을 위해 2017년에 개장한 카페다. 특히 가정과 학교의 보호 아래 있어야 할 10대 여성 청소년이 여러 유해환경에서 어려운 위기에 처해 있다가 탈출해, 오롯이 자신의 미래와 길을 찾는 여정에 〈걸작〉이 함께하고 있었다.

〈자연담은 걸작〉 전경

카페 〈걸작〉은 어떻게 만들어졌을까. 이 카페의 역사는 감리교 〈새날을여는청소년쉼터〉(이하 〈새날쉼터〉)에서 출발해 사회적 기업 〈새날에 오면〉(이하 〈새날〉)으로 이어진다. 감리교 최초의 청소년 쉼터인 〈새날쉼터〉는 소외되고 어려운 상황 놓인 채 사회적, 경제적, 정서적 빈곤의 악순환과 탈가정, 탈학교 상황에서 여러 위험에 노출된 청소년들에게 쉼터를 제공하는 비영리 사회복지기관이다. 사회의 차가운 시선에서 더 취약한 상황으로 내몰릴 수밖에 없는 이들이 〈새날쉼터〉에서 새로운 관계와 정서적 안정을 얻고 있다.

여기서 한 걸음 더 나아가 〈새날쉼터〉는 '길 위의 여성 청소년'들을 위한 전문적이고 안전한 교육 환경을 제공하기 위해 2009년 〈늘푸른자립학교〉(이후 늘푸른자립학교와 인턴십센터가 합쳐서 〈늘푸른센터〉가 되었다.)를 개교하였다. 이곳에서는 기초학습과 검정고시 취득, 기술교육 등 맞춤형 교육을 제공하여 신뢰와 환대 그리고 기다림이 필요한 십대 여성들이 자신의 꿈을 마음껏 찾고 펼칠 디딤돌을 놓아주고 있다.

카페 〈걸작〉이 속한 〈새날〉은 〈새날쉼터〉와 〈늘푸른센터〉를 통해 새로운 삶의 기회와 희망을 확인한 이들이 장차 나아갈 꿈의 길에 필요한 사회적 역량과 자립 준비를 주체적으로 할 수 있도록 돕는 기관이다. 심리검사와 상담, 일자리 제공, 취업성공 패키지 연계, 자립 준비를 위한 교육 및 실습 기회를 제공한다. 말 그대로 '새날'로 향하는 이들의 든든한 동반자가 되어주고 있다.

바리스타라는 새로운 이름

〈걸작〉은 '새날쉼터 - 늘푸른센터 - 새날'의 삼위일체적 돌봄과 지지 가운데 탄생했다. 한 마디로 〈걸작〉은 〈새날〉의 가치를 다양한 사회서비스와 일자리 창출과 연계하여 더 북돋우고 있는 공간이다. 청소년이 그동안 경험했던 사회와는 다른 '사회'를 경험하는 데에 초점을 맞춰 운영되고 있으며, 길 위에서 여러 위험에 노출되었던 청소년들이 그 상황에서는 느끼지 못했던 신뢰와 환대, 기다림을 체감하면서, 바리스타라는 새로운 길 위에 서 있다.

카페 〈걸작〉에서 바리스타는 단순한 아르바이트나 직업을 부르는 호칭이 아니다. 〈새날쉼터〉의 대표 윤애경 목사는 〈걸작〉을 시작하기 전, 자립매장의 테마를 카페로 정하게 된 계기를 이렇게 소개한다.

우선 많은 청소년이 동경하는 직업군 중 바리스타에 대한 관심도와 호응이 좋았다. 다른 직업군보다 친숙하고, 비교적 초기 접근성이 좋은 장점이 있었다. 더불어 바리스타로서 음료를 만들고 매장을 운영하면서, 다양한 사람들과 접촉하는 것은 건강한 관계 형성 훈련의 측면에서도 유익함이 있었기 때문이다.

나아가 카페 〈걸작〉으로 경제적 자립을 도모하고 있다고 한다. 물론 바리스타 교육을 받은 청소년들이 모두 바리스타로 경력을 이어가는 것은 아니지만, 그동안 마주했던 절망적이고 막막했던 현실에서 **빠져나와** 새로운 가능성을 경험하는 기회로써 바리스타는 매력적이었다. 지난날의 모습으로 살고 싶지는 않지만, 그 관성을 넘어설 새로운 희망이 절실했던 청소년들이 바리스타로서 다양한 기회를 경험하면서, 자신들도 모르고 있었던 가능성을 마주하기도 했다.

〈걸작〉 매장의 전반을 살뜰히 챙기는 것은 이경철 팀장이다. 윤애경 목사의 든든한 동역자인 이경철 팀장은 〈걸작〉의 유일한 남자 직원이자, 책임자이다. 처음에는 혼자 남자고, 그동안 다니던 직장에서도 대부분 남성과 일해왔기에 이곳이 너무 낯설고 조심스러웠지만, 이제는 누구보다 인턴들과 매니저가 신뢰하는 이가 되었다. 새로운 시작을 위해 담금질하는 청소년들의 든든한 후원자이자, 동행인 이 팀장은 오랫동안 회사 생활을 하다가 소명을 확인하고, 신학과 목회 상담을 전공하고 있기도 하다.

이 팀장은 〈걸작〉의 경영 방침에서 매출, 이익 추구보다 언제나 우선되는 것은 '교육'이라고 강조한다. 사회적 '기업'이기에 매출과 다양한 수익 사업을 궁리하면서도, 우선적 관심은 새로운 길 위에 들어선 청소년의 지속 가능한 성장에 초점을 맞추고 있는 〈걸작〉은 체계적인 교육 과정을 마련하고 있었다.

〈걸작〉의 주요 사업인 '바리스타 인턴십' 과정을 통해 지금까지 30명이 바리스타 혹은 사회의 다양한 일터로 진출했으며, 현재는 매니저 1명, 인턴

5명이 함께하고 있다. 먼저 소정 기간의 '인턴 교육'을 거치면서 이들은 음료 제조 방법과 메뉴 숙지, 조직 문화 등을 경험한다. 한 달 동안의 인턴십 후 '평가회', 이후 3개월 동안 지속되는 '인턴십'을 통해 바리스타로 활동하거나 다양한 직업군에 진출하기도 한다. 〈새날〉 홈페이지[8]에는 〈걸작〉에서 인턴십을 했던 청소년들의 후기가 많이 올라와 있는데, 하나 같이 인턴십 동안의 직무 경험과 새로운 관계 맺기 경험에 만족감과 감사함을 느끼고 있었다. 카페 음료를 만들고 제빵을 배우면서 자존감이 높아지고, 자신의 역량에서 새로운 가능성을 확인했다. 새날 홈페이지에 공개 공유된 소감문 중 일부를 소개해 본다.[9]

---

[8] http://senaljob.com/
[9] 이 후기는 《(사) 새날에 오면》 홈페이지에서 누구나 열람할 수 있다.

〈자연담은 걸작〉 출신 매니저의 강연

"카페, 바리스타 하면 원두가 들어간 커피만 생각했었는데,
다른 음료들을 만들기 위해선 기본적인 지식과 원리, 과정들을
알아야 하고, 하나만 보는 게 아닌 시각을 더 넓혀야 눈에 보이지
않던 것들도 볼 수 있다는 점 그리고 직접 경험해보는 것과
그것을 바라보기만 했을 때의 차이도 알게 되면서
내 인생 첫 자격증을 단순히 배움에서 끝난 것이 아닌
내가 기존에 가지고 있던 가치관과 배움을 통해서 얻게 된 교훈들은
나의 성장에 있어서 의미 있는 시간이었다.
이제 배운 것을 묻어두는 게 아닌 어떻게 활용할지
어떻게 이 배움을 공유할지 생각하며 새로운 도전을 펼쳐봐야겠다."

_ 새날 인턴십 조○○, 바리스타 취득 소감문

"우리 친구들과 함께 만들어 나가는 것이 더 따뜻하고
친구들의 손길이 묻은 걸작이 나와서
우리가 추구하는 카페가 아닐까, 생각한다.
조금 부족하더라도 새날 식구들과 함께 만들어 나가는
〈자연담은 걸작〉 카페가 참 좋다."

_ 이○○

"인턴 활동을 하면서 그들은 하나하나 변화해 갔다.
스스로 인생 계획을 세웠으며,
지금 하는 일 다음의 목표를 고민하기 시작했다.
이러한 변화는 개인마다 속도는 다 달랐다.
하지만 변화하는 것은 확실했다.
이곳엔 분명히 이들을 변화하게 할 힘이 있었다."

_ 전○○

"약 1년 동안 방황도 하였고, 혼란도 무수히 많이 겪었다.
1년 동안 갈피를 잡지 못하던 나를
도대체 무엇이 잡아 주었는가 생각해 봤더니
1년 동안 쌓이고, 깊어진 실무자들과의 관계
덕분이라는 생각이 들었다.
그들은 나를 응원해 주었고,
신뢰라는 것의 정의를 몸소 깨닫게 해주었으며,
더 이상 혼자가 아니라는 것을 알게 해주었다.
이렇게 나를 변화시켜 준 곳을 떠난다는 게 참 쉽진 않다."

_ 전○○

"〈자연담은 걸작〉이라는 카페에서도 일한 지 벌써 두 달이 지났습니다.
두 달 동안 솔직하게 아침엔 학원에 가고
오후엔 카페에 와서 인턴으로 일하는 것이 많이 힘이 들고
다 포기하고 싶은 생각도 들었으나,
일을 하러 가면 반갑게 맞이해 주시는 사람들 덕분에
그 생각이 싹 없어졌습니다.
제 말을 들어주시고 모르는 것을 하나하나 물어보면
친절히 대답해 주시며 가르쳐주셔서 더욱 힘이 났습니다.
해보고 싶었으나 어려울 것 같던 커피 만들기를
다른 곳도 아닌 〈자연담은 걸작〉 카페에서 처음으로 인턴으로
일하게 된 것이 제 인생에서 좋은 과정이 되는 것 같습니다."

_ 진○○

막막하고 절망적인 순간에서 번번이 배신과 실망을 경험했던 이들이 안전한 공간을 만나 조금씩 변화하는 과정은 그동안의 쓰라린 기억을 치유하는 생명력 있는 환대로 다가오지 않았을까. 매장에 비치된 홍보지에 쓰인 것처럼, 〈걸작〉은 사회적 배제(주거, 교육, 건강, 노동)가 낳는 심리적 고립감과 좌절감, 그로 인한 범죄로의 유입이라는 악순환을 끊고, 사회적 포

용과 사회적 지지그룹의 필요성을 느끼게 했다.

청소년이 겪는 사회불안은 성인이 겪는 것보다 상대적으로 훨씬 더 큰 파급효과를 낳는다. 〈걸작〉에서 인터뷰하는 동안 들었던 길 위 청소년들이 경험한 사회적 배제와 이로 인한 유해환경은 상상 이상으로 심각했다. 그들이 가진 권리의 영향력이 미미해서인지, 사회 주변부로 밀려난 이들의 취약성을 제대로 파악하지 못해서인지는 몰라도 청소년들이 스스로 위기 상황에서 빠져나올 기회는 희박했고, 빠져나왔다고 해도 체계적으로 자립을 도울 공간도 그리 많지 않다.

〈새날〉 공동체와 〈걸작〉은 방황을 끝내고, 과거와는 다른 내일을 향해 나아가는 이들을 위한 '마중물'과 같은 공간이었다. 자립 매장이라는 취지처럼, 어엿한 사회구성원으로 자립할 수 있는 건강하고 체계적인 일자리를 제공하면서 감리교회 사회선교의 한 축을 감당하고 있었다.

오늘은 충실하게, 미래는 명랑하게

한편 〈걸작〉은 후원으로만 운영되는 단체가 아니다. 그렇기에 명실상부한 사회적 기업으로서 새날을 꿈꾸는 이들과 함께 매출을 올리는 데에도 최선을 다하고 있었다. 트렌드에 예민한 이들이 주축인 만큼 참신한 아이디어를 공유하면서, 여러 가지 메뉴 발굴에도 힘쓰고 있다. 동네 안팎의 카페, 베이커리와의 협업을 통해 '걸작 베이커리(bakery)'에서 다양한 디저트류를 개발했고, 톡톡 튀는 아이디어를 가진 청소년의 센스 있는 음료도 최근 성공적으로 개발해 출시했다고 한다.

〈걸작〉의 대표메뉴인 '지니라떼'는 달콤한 연유를 베이스로 하는 음료다. 영화 '알라딘'에서 요술램프에 들어 있다가 소원을 들어주는 지니처럼, '지니라떼'를 마실 때마다 달콤한 상상을 하며 자신이 원하고 바라는 삶으로 나아가길 바라는 마음에서 만들었다고 한다. 또 이 음료 개발자인 매니저의 이름에 '진'이 들어갔기에, 출시 때부터 유머러스한 작명 센스에 반응이 좋았다고 한다.

'지니라떼'뿐만 아니라, 베이커리 부분에서도 다양한 시도를 지속하고 있었다. 특히 메뉴 중에 '버터바(butter bar)'가 눈에 띄었는데, 이것은 다른 카페의 노하우를 전수받아 판매하는 메뉴였다. 요즘 인기 있는 디저트인 '버터바'는 꾸덕꾸덕한 식감에 달콤한 맛으로, 커피와 함께 먹기에 최고의 조합이었다. 〈걸작〉 매니저와 인턴들은 젊은 감각을 활용해 단순히 기술 전수에 머물지 않고, 내부 회의를 거쳐 보암직한 모양으로 포장해 더 먹음직한 베이커리로 재탄생시키기도 했다.

팬데믹 이후 급증하는 배달 문의에 호응해 배달 서비스도 새롭게 시작했다. 작은 동네 카페라는 입지적 한계로 인해 때로는 매출 증가가 부담스럽기도 하지만, 다양한 시도를 통해 어엿한 사회구성원으로 성장하고 있는 이들과 함께 〈결작〉은 그들의 새로운 내일에 보탬이 되기 위해 노력 중이다.

이 팀장은 이런 시도들로 인해 매출이 증대되고 동시에 청소년들이 세상을 바라보는 지도가 업그레이드되는데 더 의미를 두었다. 바리스타 인턴십과 매니저로 일하면서 청소년들은 세상을 이해하는 고유한 지도를 새롭게 발견하고 발전시키면서, 이전과는 다른 희망과 신뢰를 배운다. 더불어 자신이 공유한 아이디어가 인정받고, 매출에 기여하는 모습을 통해서 그동안 이해받지 못하고, 불신과 억울함이 자리 잡았던 마음에도 미래를 꿈꿔볼 용기와 자부심이 생겼다. "살 만하다." "행복하고 괜찮네."라는 변화는 상처 난 자리에 새살이 돋듯 새로운 내일을 향한 중요한 발걸음이었다.

"여기에 처음 온 친구들은 타인,
특히 권위가 있어 보이는 어른들에 대한 불신이 가득해요.
그러다가 함께 카페에서 일하고, 먹고, 놀면서
'이런 사람도 있네, 저런 어른도 있네.'하고 놀라면서,
다양한 사람들과 관계망을 새롭게 형성해 나가요."

_ 이경철 팀장

온 마을이 필요하다

〈걸작〉에 앉아 두런두런 카페를 소개하고, 이야기를 나누는 내내 윤 목사는 이 사역은 단순히 카페 운영이 아님을 거듭 강조했다. 혹자는 〈걸작〉의 사역이 '밑 빠진 독에 물 붓기'라고 생각할 수도 있지만, 밑 빠진 독에 끊임없이 물을 붓다 보면 언젠가 그 독을 뜨게 할 만큼의 물이 가득 차오르는 것처럼, 포기하지 않고 신뢰와 사랑으로 상처받은 채 삶의 방황을 이어가는 청소년들을 품는 인큐베이터의 역할을 하는 것이 〈걸작〉의 본질이라고 윤 목사는 소개했다.

가장 명랑하고 긍정적인 에너지를 품은 때에 너무 일찍 사회의 가장 어두운 현실에서 혹독하게 경험한 거친 삶은 그들이 세상을 배워가는 데에 언제나 큰 걸림돌이었다. 윤 목사는 그 걸림돌을 디딤돌로 변화시키는 과정은 무척이나 지난하고 번거로운 일이라고 소개했다. 그런데도 이것을 지속하는 이유는 청소년들에게 탈선, 방황, 불량 같은 선입견을 붙여 손가락질하고, 사회적 낙인을 쉽게 찍어버리는 현실에서 그들에게 새로운 기회와 공간을 제공하기 위함이었다.

베이커리 수업

좋은 마음씨와 그리스도의 향기를 흘려보내고 싶은 마음가짐은 여러 상황 앞에서 약해지기 일쑤이지만, 〈걸작〉에서 검정고시로 학업을 마치고 바리스타 자격증을 취득하면서, 믿을 수 없었던 사회에서 조금씩 신뢰와 꾸준함을 키워가는 모습은 세상의 어떤 기회보다 더 소중했다. 윤 목사는 새로운 발걸음을 내딛기 위해 부단히 노력하는 청소년들을 보고 있자면, 이들을 향한 아낌없는 사랑과 헌신의 가치가 그 무엇보다 중요하다는 것을 깨닫는다고 한다.

늘 청소년들을 향한 관심이 먼저인 이 팀장은 〈걸작〉에서의 보람을 크고 기적적인 일보다 소박하고 일상적인 순간에서 찾았다. 인턴십에 참여한 청소년이 바리스타 시험 과정에 진입해서 처음에는 낯설고 어려운 시험 때문에 우여곡절을 겪기도 하지만, 그 과정 자체에서 '작은 뿌듯함'을 맛보며 성장하고, 변화의 씨앗이 싹트는 시간을 종종 목격하고 있다고 강조했다. 시험 결과를 떠나 바리스타로 함께 커가는 과정에서 서로에 대한 이해의 지평이 깊어지고, '절망'과 '불신'이 가득 찼던 이들의 삶에 이제는 '희망'과 '신뢰'의 경험이 일상에 자리 잡게 되었다는 그의 말에 왠지 모를 용기와 위안을 느끼게 되었다.

미국의 시인 메리 올리버(Mary Oliver, 1935-2019)는 그녀의 시 〈기러기〉에서 이렇게 노래한다.

사회적 기업 체험축제에서 〈새날에 오면〉을 소개하는 부스 활동

절망에 대해 말해보세요, 당신의 절망을,
그러면 나의 절망을 말해줄게요.
그러는 동안 세상은 돌아가죠.
그러는 동안 태양과 맑은 빗방울들은
풍경을 가로질러 나아가요.
넓은 초원과 깊은 나무들을 넘고
산과 강을 넘어서.
그러는 동안 맑고 푸른 하늘 높은 곳에서
기러기들은 다시 집을 향해 날아갑니다.
당신이 누구든, 얼마나 외롭든

_ 메리 올리버, 〈기러기〉 부분, 신형철 옮김

윤 목사와 이 팀장과의 인터뷰 내내 떠오른 시다. 그들은 아무런 연고도, 관계도 없는 청소년들의 친구가 되기를 자처했다. 낯설고 어려운 상황의 연속이지만, 그들이 경험한 사회의 한 줄기 희망이라도 청소년들과 공유하며, 이미 사회에 대한 분노와 불신이 가득 찬 청소년들에게 희망과 신뢰를 심어주려고 노력하고 있었다. 절망의 말을 듣고, 날갯짓 한번 제대로 하지 못했던 지난날을 뒤로한 채, 푸른 하늘을 마주한 청소년들에게 하늘을 향해 날개를 펄럭일 수 있는 용기를 주고 있는 이들의 사역이 한편으로는 존경스럽게 느껴지기까지 했다.

다른 한편으로 윤 목사와 이 팀장은 한목소리로 우리 사회의 관점이 전환되어야 한다고 말했다. 특히 교회 내에서도 길 위 청소년을 바라보는 시선이 곱지 않음에 안타까워했다. 교회가 진정 사각지대에 놓인 이들을 위하고자 한다면, 가장 시급히 해야 할 일은 '관점의 전환'이라고 힘주어 말하는 그들은 그렇게 시선의 중요성을 강조했다.

비를 맞고 있는 이들에게 서둘러 우산을 씌워주는 행동도 소중하고 중요지만, 퍼포먼스 중심의 즉흥적인 도움보다 훨씬 가치 있는 몸짓은 '함께 비를 맞아주는 일', 즉 '같이'의 가치라고 생각한다는 윤 목사의 말은 오늘날 한국교회가 이어갈 사회선교와 성화의 과정을 성찰하게 했다.

"이 친구들을 또래의 평범한 아이들처럼 바라보려고 할 때,
당연히 선입견을 품을 수 있어요.
참된 이해는 가장 가까이에서, 서로의 경험을 공유할 수 있는 입장에
서서 그들과 대화하고 함께하는 것이 아닐까요?"

_ 윤애경 관장

소박해 보이지만 단단한 열정과 진심으로 새로운 내일을 만들어 가고 있는 〈걸작〉. 수익금과 후원자 결연, 운영을 위한 바쁜 움직임, 다사다난한 일들 가운데 힘이 들 때도 있지만, 자신의 변화로부터 세상의 변화를 꿈꾸며 한 걸음 한 걸음 나아가는 모습에 취재하는 내내 힘과 용기를 얻었다. 〈걸작〉 바리스타들은 "커피 한 잔의 여유와 힘을 제공할 수 있는 사람이 되고 싶다."라는 마음가짐으로 작품(Girl-作)을 만들어 가고 있었다.

매장에 들어서면 '한 아이를 키우는데, 온 마을이 필요하다.'라는 아프리카 속담이 눈에 띈다. 너 나 할 것 없이 방황하고, 상처 입은 이들에게 새로운 꿈과 소망을 불어넣으며 협력하고 있는 이들을 만나고 돌아오는 길에 이 속담을 한 번 더 곱씹으며 기도하게 된다. 넓게 보면 나도 이 마을의 구성원일 텐데, 어떻게 그들과 함께할 수 있을까. 앞으로도 〈자연닮은 걸작〉을 통해 길 위의 청소년들이 하나님이 주신 고유한 얼굴을 발견하고 회복해 자기 삶의 길을 찾아가길 바란다.

생딸기 과즙이 상큼하게 퍼지는 인위적이지 않은
〈자연담은 걸작〉만의 '수제딸기라떼'

강하면서도 달달 고소한,
목 넘김이 부드러운 영양 가득
'검은콩라떼'

#책임있는미래 #학교밖청소녀
#청소년자립카페

새날교회 / 서울 구로구 고척로27 다길 72
자연담은 걸작 / 서울 관악구 관천로 113

옥수수알을 넣어서 한층 더 풍부한 맛과
부드러운 식감의 '옥수수라떼'

Story_9

서로를 살리는 우정!
서로살림농도생협

도시 소비자들에게 건강하고 안전한 먹거리를 제공하는 농촌이 없다면, 도시의 식문화는 점점 더 건강해지지 않을 것이고, 도시에서 농촌 생활의 가치를 이해하고 배우려는 노력이 없다면, 농촌은 금방 고립되고 말 것입니다. 우리 생협의 가치가 중요한 점이 바로 여기에서 드러난다고 생각해요. 도시와 농촌을 연결하는 '다리를 놓는 일'이 말 그대로 '서로 살림' 아닐까요?

한국에서 생활협동조합은 대안 먹거리 운동을 중심으로 성장해 왔다. 친환경, 유기농 먹거리를 생협을 통해 소비하는 인구가 늘면서 다양한 브랜드의 생협도 자리 잡았다. 하지만 대형할인점과 온라인 쇼핑몰의 발전으로 생협의 위치가 주춤하고 있다. 2022년 서울시 조사에 따르면, 친환경 농산물 구매 빈도는 전년(48.6%) 대비 7.1% 감소했고, 친환경 농산물을 구매하는 장소를 묻는 질문에서도 생활협동조합은 3년간 하락세를 보이고 있다.[10] 체감상 비싼 가격, 차별화 부족, 적당한 구매처 찾기의 어려움 등 생협 이용이 감소한 이유는 다양했다.

가치 소비를 으뜸으로 여기는 생협이 흔들리고 있지만, 여전히 생협 운동의 소중함을 일구며 먹거리 선교의 장으로 거듭나고 있는 곳이 있다. 〈서로살림농도생협〉. 생협의 이름 그대로 서로를 살리기 위해 우직하게 걸어가는 생협을 소개한다.

콜라보의 시작 : 서로살림 X 농도생협

〈서로살림농도생협〉(이하 〈서로살림〉)은 서울시 영등포구 〈영등포산업선교회〉(이하 〈산선〉) 회관 1층에 자리 잡은 '생활협동조합(생협)'이다. 〈산

---

[10] 2020년-22.6%, 2021년-18.3%, 2022년-16.9%. 출처: 서울, 서울특별시, 『2022년 서울시 먹거리 통계 조사』, (2022), 312.

〈서로살림농도생협〉 2024년 총회

선)은 65년 전 우리나라의 노동문제에 심각성을 느낀 대한예수교장로회 (통합)에서 세운 산업 전도를 위한 노동선교회이다. 지금도 다양한 노동문제 현장에서 제 몫을 감당하며 사회선교에 매진하고 있다. 〈산선〉 회관은 이들 사역의 보고와 같은 곳이다. 회관은 2021년에 대대적 리모델링을 거쳐 지금의 모습을 갖게 되었는데, 골목에 있지만 멋진 벽돌 건물로 그 존재감을 드러내고 있다.

〈서로살림〉이 〈산선〉 회관에 있다는 것을 처음 알게 되었을 때, 사실 두 단체의 한 지붕 살이가 낯설었다. 취재 전에도 사회적 이슈나 노동권 연대

등으로 종종 〈산선〉에 들린 적이 있었는데, 먹거리 기반의 생협이 노동운동의 산실인 이곳에 들어선 것이 궁금했고, 둘의 관계가 단순한 임대인과 임차인으로 보이지 않아 의아했었다.

〈서로살림〉을 제대로 알기 위한 첫 발걸음은 사연 많은(?) 이야기로 거슬러 올라간다. 〈서로살림〉은 두 생협의 콜라보(Collaboration)로 탄생했기 때문이다. 〈서로살림생협〉과 〈농도생협〉으로 서로 다른 지역에서 활동하고 있던 두 생협이 2015년 통합을 결정하고, 지금의 '서로살림농도생협'으로 자리매김했다. 이 둘의 콜라보는 당시에도 신선한 시도였고, 지금까지도 교계와 지역사회의 많은 관심과 응원을 받으며 성장하고 있다.

〈농도생협〉은 1993년 5월 감리교회 농촌 목회자와 생산자를 중심으로 '도시-농촌교회'가 힘을 모아 건강한 먹거리 선교와 친환경 농업 확산을 위해 '농도공동체 선교회'를 설립했다. 이 선교회가 오늘날 〈농도생협〉(1999년 9월 '농도생협'으로 전환)의 전신이 된다. 도농 직거래의 중요성을 일찍이 알아차린 '농도공동체 선교회'는 주로 친환경 농업을 하며 소농과 가족농으로 생활하고 있는 이들의 '판로'를 확보해 주는 '물류 중심 센터'의 역할을 해왔다.

농촌교회에서 농산물을 재배하는 대다수 생산자가 소농, 가족농이었기 때문에, 이들에게 대형화되고 관행 농업이 일상이 된 현실에서 정기적인 판로 확보는 '살림'의 가치와 철학을 갖고 농사를 짓기 위한 필수 기반이었다. 먼저 서울시 서대문구에 위치한 아현감리교회에 매장 '텃밭'을 열고, 농촌교회의 친환경 농산물 직거래 거점으로 2015년까지 운영했다. 당시 〈농도생협〉은 감리교회뿐만 아니라, 기독교계에서도 주목받는 도시-농촌교회의 거점 역할을 했다. 이후 전국 네트워크를 형성해 도농교회 직거래 플랫폼으로 확장되길 기대했다. 하지만 지역 활동 조합원 부족이라는 한계에 직면했고, 지역매장 활성화에도 어려움을 겪게 되었다. 플랫폼으로서의 역할 만큼이나 생협 활동에 기반이 될 지역과의 교류 필요성이라는 과제에 직면했던 것이다.

그즈음 〈서로살림생협〉은 〈농도생협〉과는 정반대의 문제에 직면해 있었다. 1969년 영등포산업선교회 활동을 하던 이들이 모여 만든 신용협동조합 '다람쥐회' 회원들과 협동운동에 비전을 품은 청년들이 환경과 먹거리에 대한 관심을 가지면서 시작된 〈서로살림생협〉은 2004년 매장을 개장해 영등포 지역의 '생활협동조합'이 되었다. 지역 중심의 소모임 활동과 생협 활성화를 위해 다양한 시도를 할 수 있는 구성원들이 모였다. 이들이 의기투합해 지역 생협의 강점을 살릴 수 있을 것이라고 예상했다. 그러나 매장이 자리 잡은 지역이 골목상권이었기 때문에 기대만큼 생협 활동을 활발히 할 수 없었다. 유동 인구가 많지 않았던 지리적 한계 때문에 결국 생협 경영 자체가 어렵게 되었던 것이다.

두 생협 모두 위기였다. 올바른 소비와 협동이라는 이상이 현실에 자리

잡기까지의 성장통이 계속되었다. 하지만 위기를 기회로 만들기 위한 여러 사람의 지혜와 노력은 두 생협의 콜라보를 통한 새로운 가능성에 숨을 불어넣었다. 그러던 중 2015년 '기독교'와 '교회'(감리교와 장로교)라는 교집합 가운데 두 생협은 '통합'을 결정했다. 따로 활동할 때는 약점이 되던 한계가 통합으로 상생을 위한 강점이 되었고, 적자에 시달리던 생협은 빠르게 정상화되었다. 지금은 매출 흑자를 꾸준히 이어오고 있다.

서로를 살리는 가치

'생활협동조합(생협, consumer cooperative)'의 사전적 정의는 '생산자로부터 직접 생활 물자를 싸게 사들일 목적으로, 소비자끼리 서로 모여 만든 협동조합'(출처: 국립국어원)이다. 다만 생협의 목적이 단순히 직접구매를 통한 저렴한 소비에만 있다고 생각한다면, '생협'을 겉으로만 아는 것이다. 생협의 중요성은 지속 가능하고 건강한 '먹거리' 창출처럼, 소비보다 '가치'에 방점을 두는 데에서 돋보이기 때문이다. 그래서 자신들이 지키기로 한 가치를 생협이 생산하고 순환하는 데 모두가 힘을 모으고 있다.

〈서로살림〉이 표방하는 가치는 크게 세 가지다. 첫째는 '협동과 연대'다. 생협은 조합원들이 함께 모여 운영하기 때문에 협동과 연대가 무엇보다 중요하다. 서울 매장의 고객, 실무자들의 협동은 물론이고, 전국에 있는 생산자와 도시 소비자의 연대는 생협의 든든한 기반이다. 최근에는 생협의 많은 생산지가 점점 더 심해지고 있는 기후변화의 영향으로 예기치 않은 작황의 어려움을 겪고 있다. 하지만 생협 식구들은 낙심하기보다 서로를 돕고 살리는 방법을 궁리한다. 매년 이뤄지는 '횡성 한우 공동구매'나 '사과, 복숭아나무 분양' 등을 통해 협동의 가치를 실현하고 있고, '먹는 행위'가 단순한 소비 행위가 아닌 서로의 삶을 살리고 보듬고 있다는 인식의 변화를 협동의 가치로 일구는 중이다.

〈서로살림농도생협〉에서 분양한 사과나무 생산지를 방문한 조합원들

둘째는 '윤리적 소비'다. 생협은 생산자와 소비자가 공정한 거래를 할 수 있도록 노력하고 있다. 공정무역 제품을 판매하면서, 공정무역의 가치를 알리고 공유하는 거점공간으로 자리매김하고 있다. 또한 생산지 현장의 소리도 꾸준히 알리고 있다. 많은 생산자가 유기재배를 하고 있고, 이들 중 대부분은 소·중농이라서 생협은 이윤을 우선시하기보다 '농부'의 정직한 땀으로 맺힌 결실이 제대로 인정받는 방법을 궁리하는 데 힘쓰고 있다. 사업체와 결사체라는 이중적 성격을 갖고 있는 생협의 특성상 이윤과 매출에 대해 고민하지 않을 수 없다. 하지만 매출(돈)에 앞서 '함께 성장'하고, '지속 가능한 미래를 모색'하는 것이 '생협'의 주된 관심사이다.

특히 농촌의 생산자들이 도시 소비자에게 신선하고 안전한 농산물을 제공함으로써 경제적으로 이익을 얻을 수 있고, 도시 소비자들이 농촌 활성화에 더 많은 관심을 갖고 생산지를 의식하는 소비 패턴을 배우는 것은 교육적으로도 효과적일 뿐만 아니라, 윤리적 소비를 지속하는 하나의 이유가 된다. 윤리적 소비라는 말이 거창하게 들린다면, '대안적 네트워킹'이라고 표현할 수도 있겠다. 올해부터 생협의 살림살이를 맡게 된 임소희 상무이사는 도시와 농촌 네트워킹의 중요성을 이렇게 소개한다.

"도시와 농촌은 서로 떼려야 뗄 수 없는 관계입니다.
　도시와 농촌이 생산과 소비에 상호 협력하고 있기 때문에

〈서로살림〉의 가치가 빛을 보는 것이라고 생각해요.
오늘날 같이 소비가 편리한 시대에
도시와 농촌의 상호 협력이 이상적으로 보일 수도 있습니다.

하지만 도시 소비자들에게 건강하고 안전한 먹거리를 제공하는
농촌이 없다면, 도시의 식문화는 점점 더 건강해지지 않을 것이고,
도시에서 농촌 생활의 가치를 이해하고 배우려는 노력이 없다면,
농촌은 금방 고립되고 말 것입니다.

우리 생협의 가치가 중요한 점이 바로 여기에서 드러난다고 생각해요.
도시와 농촌을 연결하는 '다리를 놓는 일'이
말 그대로 '서로 살림' 아닐까?"

〈서로살림〉의 세 번째 가치는 '지속 가능한 발전'이다. 환경과 생태계 보호를 위한 활동은 생협의 가치 기반이 된다. 〈서로살림〉에 연대하는 이들과 교회, 기관 대부분이 '서로 살림'의 다른 표현이라 할 수 있는 '공생적 관계'로 얽혀 있다. 생태적 지향은 단순히 조합의 생존전략이 아니라, 농촌과 도시를 살리고 땅과 물을 살리는 귀중한 생태의 가치를 일찍이 발견한 이들의 성숙한 실천으로 이어진다.

〈서로살림〉은 신기후체제라는 위기 속에서도 여전히 자본의 힘이 최우선시되는 때에 자본보다 '더불어 함께' 살아갈 궁리를 하고 있다. 지구를 향

한 사고방식의 전환과 그 가치를 오롯이 삶으로 녹여내려는 태도는 오늘날 인류 전체의 화두다. 〈서로살림〉은 환경 위기와 인구 감소 등 체감할 수 있는 인류 문명의 대전환 앞에서 '어떻게 살아갈 것인가?'라는 질문에 소박하지만, 진실한 대답을 몸소 만들어 가고 있다. 질 좋은 먹거리로 어려운 이웃을 돕고, 지원하는 〈우양재단〉과 협업하며 건강한 먹거리를 생산, 공급하는 보람도 누리고 있다. 이 밖에도 전통 장 담그기, 토종 씨앗 지키기, 기후 위기 대응 기금 마련, 지속가능한 생협 활동가 양성을 위한 모금활동 등 사람뿐만 아니라, 땅과 다양한 생물에게 이로운 문화를 만들어 내기 위해 애쓰는 〈서로살림〉은 평범한 사람들이 만들어 내는 비범한 움직임으로 발전하고 있다.

〈서로살림〉을 발견하는 일상

〈서로살림〉의 가치는 지역주민과도 함께 영글고 있다. 〈서로살림〉으로 인해 만들어진 여러 모임들은 먹거리 생협이라는 '날줄'을 마을로 확장하는 '씨줄'이다. 인문학 소모임 N-1, 뜨개 모임, 초록산책, 온라인 책모임 등 매주 10명 남짓 삼삼오오 모여 진행되는 소모임 활동은 일상 속 가치를 발견하도록 돕고 있다.

임 상무이사도 모임 중 하나였던 책모임을 계기로 생협을 처음 만났다. 이후 주말 육아 품앗이 모임인 '밝은 공동체'를 비롯한 다양한 마을 프로그램을 경험하다가, 실무 책임자가 되었다. 그는 이 소모임 활동을 통하여 삶의 변화를 크게 경험했다고 한다.

> "책모임으로 처음 알게 된 생협에서 육아 품앗이 모임인
> '밝은 공동체'를 만나 한 번도 경험해 보지 못한 환대와 안정감을
> 누렸어요.
> 서로의 삶을 나누고, 배려하면서 함께 놀 수 있는 공간이
> 반가웠고, 애정하게 되었어요.
>
> 삶을 공유하면서 마을을 꾸려가는 생활이
> 도시에선 불가능할 것이라고 흔히 생각하지만,
> 〈서로살림〉을 통해 벗으로 살아가는 것을 익히고,
> 사람살이를 배우는 것 같아요."

인문학 소모임 'N-1'은 공동체, 생태 민주주의, 동물권, 기후위기 등 철학적 주제를 평범한 일상의 자리에서 살피고, 배우는 모임이다. 10년 넘게 이어진 이 모임은 매장 가까이 문래동에서 '철학공방 별난'과 '생태적 지혜 연구소'를 일구던 故 신승철 소장과 이윤경 생협 이사를 중심으로 진행되고 있었다. 안타깝게도 지난 2023년 7월 갑작스레 신 소장이 급성 심근경

색으로 운명을 다하는 큰 슬픔이 있었지만, 여전히 이윤경 이사가 신승철 소장의 유지에 따라 'N-1'의 소중한 가치를 이어가고 있다.

철학 공부를 글로만 접할 때는 낯설고 어렵지만, 일상의 언어로 번역되어 철학이 삶으로 경험되면서 철학의 소중함을 맛본다는 이 모임은 〈서로살림〉의 가치를 높이고 있다. 갈등이 자주 표면화되고, 편협하고 극단적인 담론이 횡행하는 우리 사회에 마을 중심의 인문학 공부 모임은 더없이 소중해 보였다.

인문학 소모임 'N-1'

또 다른 모임은 뜨개 모임이다. 매주 화요일마다 생협 매장에서 진행되는 '손뜨개 소모임'은 기초부터 차근차근 뜨개 작품을 만들면서, 〈서로살림〉이 마을의 사랑방 기능을 톡톡히 하고 있다는 것을 보여주고 있었다. 매장 앞에서 뜨개질하는 모습을 보고 흥미를 느껴 매장을 찾는 이들도 있었다. 이로 인해 조합원으로서 가치 소비에 동참하는 기회가 더 확장되기도 한다. 〈서로살림)의 중심은 물건이 아니라, 사람살이, 서로살이라는 점이 매장 안팎에서도 발견되는 것이다.

화요일 '손뜨개 소모임'

2003년 처음 시작된 '초록 산책'도 좋은 호응을 얻고 있다. 숲해설가로 활동 중인 강세기 이사가 〈서로살림〉의 이사로 합류하면서 시작된 마을 프로그램인 '초록 산책'은 서울 곳곳의 숲과 공원에서 진행된다. 평소에 그냥 지나쳤던, 자세히 보지 않으면 놓치기 쉬운 신비하고 아름다운 '초록들'을 만끽하고 배우는 시간은 인간 중심적 생태계 이해의 폭을 넓혀준다. 다 똑같아 보였던 꽃들의 이름을 자세히 알아가고 생김새를 익히면서, 작고 사소하지만 모든 생명이 귀중하고 얽혀 있음을 새롭게 경험한다. '초록 산책' 밴드(BAND)에 조합원이 쓴 소감을 몇 구절 소개해 본다.

"이름을 외워가는 숲 해설이 아니라,
　내 일상에서 너무 쉽고 익숙하게 보아왔던 작은 풀꽃들이

자세히 보니 비로소 보이는 낯선 생김과 이름의 의미,
역사적 배경 등이 더해져 더 이상 지나치는 들꽃이 아니라
뭔가 애정이 생기고 애틋해지더라고요."
(조합원 소○○)

"강세기 길라잡이님이 나무는 삶과 죽음이 공존한다고 말씀하셨는데,
죽은 것 같은 회화나무와 버드나무에서 돋아난 새 가지의 생명력은
놀라웠습니다.
우리는 '나무는 어떻게 이렇게 오래 살까?'를 산책 중에 나누었고,
'나무는 왜 이렇게 오래 살까'를 시간을 내어 더 이야기해
보기로 했습니다.
'초록 산책'은 저에게 세상을 자세히 보는 눈을 만들어 주었답니다.
그 세상은 신비로웠고 아름다웠으며 새로웠습니다."
(조합원 강○○)

'초록 산책'

'초록 산책'이 계기가 되어 온라인 책모임도 생겼다. 오픈 채팅방을 통해 서로의 독서 기록을 나누면서 천천히 이어지는 방법을 택해 책모임의 문턱도 낮추고 꾸준하게 모임이 이어지도록 기획되었다. 2023년 하반기에는 로빈 윌 키머러의 『향모를 땋으며』를 읽었는데, 길섶에서 체득한 '작은 자연'의 소중함을 인간과 자연의 새로운 관계 맺기로 만드는 배움으로 확장하고 있다.

시끌벅적 '골목장터'도 빼놓을 수 없는 〈서로살림〉의 자랑이다. 생협 제품 할인 판매, 어린이 벼룩시장, 구제 샵, 제로웨이스트 팝업스토어, 무료 노동 상담 등이 진행되는 이 장터는 무엇보다 '함께 놀기'에 진심이다. 영등포산업선교회에 자리 잡은 신용협동조합 '다람쥐회', 사회적협동조합 '노느매기', 영등포구 '노동자종합지원센터'와 함께 매달 〈산선〉 마당에서 '놀면서' 서로의 지친 마음을 달래고, 새로운 활력을 얻는다. 마을 주민뿐만 아니라, 〈서로살림〉을 포함한 여러 단체 활동가들에게도 힐링 공간이 되어준다. 가치 있는 일을 한다고 해서 뿌듯하고 보람만 있을까. 예상대로 풀리지 않는 계획, 아슬아슬한 매출, 끊이지 않는 회의와 프로젝트에서 허우적대기도 한다. 그래도 현실에 지친 마음을 풀어놓을 수 있는 '골목장터'의 존재는 〈산선〉 건물에 있는 모든 이들을 품는 아름드리나무 그늘이다.

시끌벅적 '골목장터'

〈서로살림〉의 지경 넓히기

〈서로살림〉의 가치는 구체적인 현장에서 충분히 실현되고 있다. 연대와 협동의 힘을 통한 도시와 농촌의 새로운 관계 형성은 어느 정도 자리를 잡아가고 있고, 안전하고 건강한 먹거리를 안정적으로 공급하기 위한 시스템도 구축되어 있다. 하지만 〈서로살림〉은 여기서 안주하지 않았다. 좀 더 다양한 사람과 단체가 협력해 지속가능한 협동조합으로 세워져 가기 위해 지역 농가와의 연대 강화, 조합원 참여 확대, 사회적 가치 확산을 위해 다방면의 노력을 기울이고 있다. 올해부터 새롭게 이사장을 맡고 있는 노재화 목사(함양 산들감리교회)는 〈서로살림〉의 지향을 이렇게 소개한다.

"〈서로살림농도생활협동조합〉은 기후위기 시대, 농촌(교회)과 도시(교회)가 서로 돕는 협동 소비를 공동구매 등의 사업을 통해 이윤보다 중요한 지속가능한 연대와 자립을 추구합니다."

〈서로살림〉의 대표 상품 '쌀라면'. 생협과 이웃인 영등포산업선교회 실무자의 아이디어로 진행된 쌀라면 판매 프로젝트 '통곡의 벽!'(이후 완판되었다는 후문이다.)

지속과 자립, 그동안 〈서로살림〉의 상생의 가치는 지속과 자립이라는 또 다른 과제로 향해가고 있다. 〈서로살림〉의 지역교회로서 오랫동안 함께 해온 교회들도 향후 생협의 방향성을 놓고 다양한 고민과 노력을 하고 있다. 경기도 고양의 동녘감리교회 여선교회장 장혜숙 님은 〈서로살림〉의 지속을 위한 몇 가지 아이디어를 이렇게 소개한다.

> "대기업 위주의 생산, 유통 구조가 보편적인 오늘날,
> 시민들이 안심하고 먹을 수 있는 건강한 먹거리를 경험할
> 생산, 유통, 소비망의 필요성이 중요해지고 있습니다.
> 생협은 그 필요성을 건강하게 충족시켜 주고,
> 건강한 우리 먹거리의 중요성을 공감하는
> 소비자와 생산자 간의 협업 공동체라고 생각해요.
>
> 〈서로살림〉을 응원하며 몇 가지 아이디어를 공유해 보자면,
> 지역 화폐를 이용한 거래 방법 도입이 좋은 팁이 될 수 있을 것 같아요.
> 지역교회와 연계한 마을 모임, 생산지 방문도
> 좋은 생협 경험으로 소개하고 싶습니다."

또 다른 지역교회로 '생협 팝업스토어'를 열어 생명경제 실천과 서로살림 소개를 이어가고 있는 청파감리교회 환경부장 조항범 권사도 〈서로살림〉이라는 브랜드가 지속하려면, 투박해 보이지만 진심으로 한 사람 한 사람과의 가치 연대를 이어가야 한다고 강조한다.

> "두부 꾸러미, 유정란 꾸러미 같이 흔해 보이지만,

들여다보면 그 두부와 유정란에는 특별한 이야기가 있잖아요.
이것들이 농촌교회 목회자와 교우들의 헌신적인 노력과
꾸준한 정성으로 마련된다는 이야기가
가치 소비의 진가를 전하는 지점인 것 같아요.
먹거리도 공산화돼서 저렴하게 공급되고, 그것이 장점이 되는 시대에
생명에 대한 철학을 옹골지게 펼치는 생협이 더 잘 연구되고,
알려지면 좋겠습니다.

'상생' 자체의 지속을 위한 고민이 필요한 때인 것 같아요.
〈서로살림〉이 대화와 삶으로 잘 전달되며 어우러지길 바랍니다."

〈서로살림농도생협〉의 지부 교회인 청파교회에서 진행한 생협 팝업스토어

〈서로살림〉의 지난 10년을 책임졌던 직전 이사장 박순웅 목사(홍천 동면감리교회)와 전 상무이사 배재석 장로(평화의감리교회)는 시편 23편만

큼 중용 23장을 마음에 새기며, 수월하지 않았던 상황 속에서 지금의 생협을 일구었다.

> 작은 일도 무시하지 않고 최선을 다해야 한다.
> 작은 일에도 최선을 다하면 정성스럽게 된다.
> 정성스럽게 되면 겉에 배어 나오고,
> 겉으로 드러나면 이내 밝아지고,
> 밝아지면 남을 감동시키고,
> 감동시키면 이내 변하게 되고,
> 변하면 생육된다.
> 그러니 오직 세상에서 지극히 정성을 다하는 사람만이
> 나와 세상을 변하게 할 수 있는 것이다.
>
> _ 중용 23장

〈서로살림농도생협〉은 앞으로 어떻게 나아갈까. 녹록지 않은 현실에서도 고군분투하는 이들은 '서로살림'이라는 가치를 일찍이 알아차렸다. 때로는 너무 이르게 알아차린 것은 아닌지 하는 현실의 문제도 있지만, 여전히 아름답게 도시와 농촌을 넘나들며 연대와 우정을 빚어가고 있다. 생명을 보듬는 신앙고백과 실천 가운데 현실의 벽을 넘어서는 이들의 용기와 지혜가 새삼 존경스럽다. 〈서로살림농도생협〉을 통해 지역 농가와 조합원, 그리고 지역 사회 모두가 함께하는 지속가능한 생협으로 거듭나기를 기대해 본다.

#협동조합 #친환경먹거리
#생명의쌀나눔

서로살림농도생협 / 서울시 영등포구 버드나루로 23길 24 1층

〈서로살림농도생협〉은 친환경 먹거리를 도시에 소개하고 공급하는 중요한 통로다.

Story_10

콩 한 알의 무게

콩세알 (일벗교회)

씨앗을 심는 농부의 마음에서 시작된 우리의 움직임이 발아할 때
커다란 희망으로 자라는 것을 봅니다.
콩 세 알 중 한 알은 더불어 사는 모두에게 서로를 살리는 생명으로,
또 한 알은 기쁨이 넘쳐흐르는 나눔으로,
나머지 한 알은 어우러져 지속되는 순환으로 열매 맺게 되기를 소망하며
씨앗 심는 일을 하고 있습니다.

콩 한 줌의 무게

쌀 한 톨의 무게는 얼마나 될까
내 손바닥에 올려놓고 무게를 잰다
바람과 천둥과 비와 햇살과 외로운 별빛도
그 안에 스몄네 농부의 새벽도
그 안에 숨었네
…
쌀 한 톨의 무게는 생명의 무게
쌀 한 톨의 무게는 평화의 무게
쌀 한 톨의 무게는 농부의 무게
쌀 한 톨의 무게는 세월의 무게

_ 홍순관, 〈쌀 한 톨의 무게〉

깊이 생각하지 않으면 헤아리기 힘든 '쌀 한 톨의 무게'는 실로 어마어마하다. 땅을 일구는 농부의 손길에서 자연의 섭리와 그 쌀을 통해 이어지는 생명, 평화, 세월의 무게까지 쌀 한 톨에 들어있다는 노랫말이 묵직하게 다가온다.

어디 쌀 한 톨뿐인가. 우리 밥상에 오르는 대부분 것들이 그런 무게를 지니고 있을 것이다. 배추 한 포기, 무 한 개, 감자 한 알, 당근 한 개 그리고 콩 한 줌까지. 식탁 위에서 드리는 잠깐의 기도는 그 무게에 대한 감사이자,

내 앞에 놓인 음식을 두고 하나님께 드리는 겸손의 몸짓 아닐까.

인천 강화군 강화읍에는 콩 한 줌의 무게에 자신의 삶을 오롯이 싣고 살아가는 목사와 교회가 있다. 〈일벗교회〉의 담임목사이자 농업회사법인 〈㈜ 콩세알〉의 대표인 서정훈 목사는 '생명, 나눔, 순환'의 가치를 먹거리로 실현하는 사회적 농업과 목회를 이어가고 있다.

"'콩세알'은 옛날 우리 조상들의 지혜에서 발견한 단어예요.
우리 조상들은 콩을 심을 때 세 알씩 심었다고 합니다.
한 알은 벌레나 새를 위해, 한 알은 이웃과 나눠 먹기 위해,
마지막 한 알은 심은 자신이 먹기 위해서였다고 합니다.
그래서 '콩세알'의 가치는 나눔을 통한 생명의 순환을 의미합니다.

'콩세알'은 공생과 나눔과 자립의 가치를 담고 있습니다.
씨앗을 심는 농부의 마음에서 시작된 우리의 움직임이 발아할 때
커다란 희망으로 자라는 것을 봅니다.
콩 세 알 중 한 알은 더불어 사는 모두에게 서로를 살리는 생명으로,
또 한 알은 기쁨이 넘쳐흐르는 나눔으로,
나머지 한 알은 어우러져 지속되는 순환으로 열매 맺게 되기를
소망하며 씨앗 심는 일을 하고 있습니다."

〈콩세알〉 공장 입구

〈콩세알〉이 펼치는 사업은 이러한 '콩세알 정신'으로 갈래갈래 뻗어가는 중이다. 〈콩세알〉이 품은 연대의 가치는 고되고 더뎌 보이는 한계에 직면할 때 더 빛을 발했고, 이젠 전국적으로 주목 받는 사회적 농업 플랫폼이 되었다.

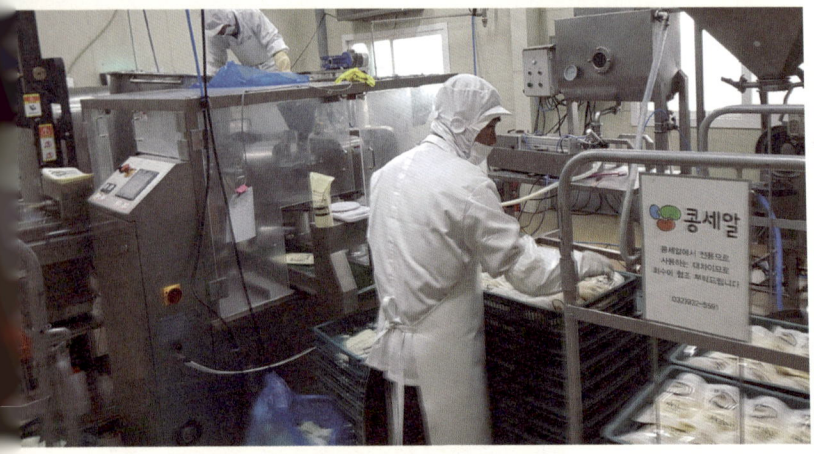

(상) 〈콩세알〉 두부
(하) 〈콩세알〉 두부 제조 과정

일벗이 되어 나누는 〈콩세알〉

〈콩세알〉은 사회적 농업 플랫폼으로, 친환경 농법을 통해 농산물을 생산하고 판매하는 기업이다. 〈콩세알〉은 지속가능한 먹거리를 생산하고 유통함으로써, 기후위기에 대응하고 지역사회의 일자리 창출과 지역경제 활성화에 기여하고 있다.

특히 〈콩세알〉의 대표 상품인 두부는 화학비료와 농약을 사용하지 않고, 유기질 비료와 천연 농약을 사용하여 재배한 농산물로 만들어진다. 100% 국산 콩을 사용해 전통온비지 방식으로 만든 두부는 소포제, 유화제뿐만 아니라, 화학첨가물을 전혀 사용하지 않아 단단하면서도 부드러운 고품질의 두부다.

뿐만 아니라, 〈콩세알〉은 지역 사회의 일자리 창출에도 기여하고 있다. 강화군의 일자리 알선 및 무료 급식 등을 지원하고 있으며, 다양한 기업을 포함한 생활협동조합, 생태 유아공동체, 강화도 환경농업농민회, 강화노인복지센터와도 함께 일하고 있다. 이러한 노력으로 〈콩세알〉은 '사회적 기업'으로 인증받았으며, 이후 자세히 소개할 사회적 농업 사업자로서 〈콩세알〉의 행보는 생명, 나눔, 순환의 과정이 얼마나 중요한 일인지를 보여준다.

감리교회를 넘어 지역 사회에서도 큰 역할을 감당하고 있는 〈콩세알〉의 시작은 어땠을까.

"농촌 문제를 대하는 농촌교회의 태도는 남달라요.
농촌의 문제는 곧 우리 교우들의 문제이기 때문이죠.
고령화되고 소멸화되는 위기가 과소평가 되는 오늘의 현실에서도
여전히 농촌교회가 존재하고 있습니다.
이 문제의식은 제게 단순한 사회 문제 그 이상의 경종을 울리는
위기였어요."

〈콩세알〉이 사회적 기업이 된 데에는 현실적으로 농촌이 겪고 있는 소외와 배제에 대한 남다른 관심이 큰 영향을 끼쳤다. 서 목사는 오랫동안 농사를 지었던 고령층뿐만 아니라, 의지를 갖고 귀농한 이들에게서도 나타나는 소외와 그로 인한 취약성을 안고 살아가는 농촌 사람들에게 필요한 시스템과 인프라를 고민하던 차였다.

"취약하죠.
여기 사는 사람들 대부분이 안고 있는 취약성에 대한 여러 차원의
논의가 절실해요. 생활 편의시설은 물론이고, 사회 경제적인 서비스나
복지 시스템의 사각지대에서 고민하지 않을 수 없었어요.
저는 이런 현실을 '불리한 여건'이라고 표현합니다.

사회적 기업 혹은 농업은 그런 불리한 여건에 있는 사람들,
사회적으로 소외되고 배제된 사람들에 대한 관점이
형태로 표현된 것이라고 소개하고 싶습니다."

〈콩세알〉의 지속 가능함은 구호에 그치지 않는다. 그래서 사람도, 농사도 모두 지속 가능하게 이어질 수 있도록 끊임없는 시도와 고민이 계속되고 있는 현장이 바로 〈콩세알〉이다. 〈콩세알〉은 2005년에 생산 공동체로 시작하여 2006년 〈일벗교회〉 창립까지, 벌써 18년의 역사를 써 내려가고 있다.

"일 년 동안은 생산 공동체로 시작해서
함께 예배드릴 이들을 모으는 과정이 있었어요.
'일벗'이라는 이름은 '함께 일하고 더불어 살자'는
취지에서 생겨난 단어입니다.

처음엔 6명 정도가 모여서 농촌에 살기로 했죠.
30대 중후반의 사람들 여럿이 모여 농촌을 기반으로 '일을 벗 삼고,
서로를 벗 삼아 누구도 소외됨 없이 일하고 교분을 쌓자'라는
취지가 우리의 시작입니다."

'일벗'의 일과 사귐은 생각보다 깊은 차원의 노동과 우정에 대한 이해로부터 발전되었다. 요한복음 5장 17절의 "내 아버지께서 이제까지 일하고 계시니, 나도 일한다."(새번역)라는 예수의 말씀에 터한 이들의 열정과 땀방울은 계속되는 수확과 결실 가운데, 2~30명의 직원이 함께 사업체와 삶을 일구는 지속가능한 일터를 만들어 냈다. 하지만 여전히 과제도 남아있다.

"현재 우리 〈콩세알〉에는 2~30여 명의 일벗들이 함께 일하고 있어요.
농업 현장에서 생계가 보장되는 임금 지급과 안정적인 생산이 취약한데
우리는 '직업'으로서 이 기반을 마련해 놓았으니,
어느 정도 안착하였다고 할 수 있습니다.

동시에 '일벗'의 다른 축인 '우정'에 대한 노력은
여전히 현재 진행 중이에요.
일반 직장에서 '동료'라는 의식을 넘어서서 공동체적이고 좀 더 내밀한
친밀성을 나누는 사이가 되는 일은 다른 도전이라고 봐요.
계약에 기초하거나 임금에 기초하는 일에서
약간은 벗어난 창조적 관계가 '친구 맺기'라고 보는데,
이 관계를 세워가는 일은 더욱더 세심한 접근과 기도가
필요한 일이라고 생각해요.

〈콩세알〉이 진정한 '일벗 공동체'가 되기 위해 겪은 우리 안의 많은
실패, 어설픈 공동체성을 이야기하다가 주고받은 상처도 있어요.
이 우여곡절을 성찰하며 오늘의 〈콩세알〉이 된 것 아닌가 생각해 봅니다."

 독립된 인격과 저마다의 개성이 우선시 되는 오늘날 개인주의와 이기주의는 구분하기 힘들다. 특히 일하는 공간에서 개인과 개인의 우정이 빛을 보기 위해서는 더 큰 에너지를 써야 할 때도 있었을 것이다. 인터뷰 내내 '따로 또 같이' 일하면서 살아가고 싶은 서 목사의 간절함이 느껴졌다.

 그리스도의 부르심에 순명하며 살기로 애쓰는 그가 마주했던 꿈과 사랑, 실패와 시련의 기억이 단단하면서도 여린 그의 눈에 고스란히 담겨 있

었다. 시류를 벗어나 '다른 삶'을 꿈꾸는 이들에게 당연하게 주어지는 모험과 도전이라고 할 수도 있을 것이다. 하지만 동시에 진정한 제자도와 공동체성을 빚어가는 노력의 숭고함이 생생하게 전해져 왔다. 〈콩세알〉이 앞으로 나아갈 여정도 쉬운 길은 아닐 것이다. 하지만 그들에게 주어진 소명을 향한 거룩한 열망과 진실한 교제가 빚어낼 새로운 모습이 기대된다.

〈콩세알〉 쉼터

"살면서 다양한 사람들을 만나요.
독립적이고 주체적으로 살아가는 사람도 있시만,
함께 어울려 살 때 소외되지 않는 사람도 있잖아요.
다양한 주체가 조화롭게 공존하는 시도가 일하는 현장에서 실현되면
진정한 공동체로서 우리 〈일벗교회〉와 〈콩세알〉이

제 역할을 하게 되는 것 아닐까요."
어떤 순간에도 콩알만 한 희망을 품는 일

공동체를 일구려는 〈콩세알〉의 노력은 이제 새로운 실험으로 이어지고 있다. 우선 기후위기에서 기후재난으로 향하는 오늘날, 〈콩세알〉의 친환경 농법은 온실가스 배출을 줄이고, 지역 생태계를 보호하는 대안농법으로 주목받고 있다. 이에 더해 기후위기에 대한 인식을 높이고, 지속가능한 삶을 실천하기 위한 교육과 홍보에도 앞장서고 있다.

2019년에는 농림축산식품부에서 '사회적 농업(Social Farming)' 활성화 사업자로 선정되었다. 이후 강화도뿐만 아니라 전국적으로 미래 지향적인 사회적 농업의 중요성을 알리는 데에 힘쓰고 있다. '사회적 농업'은 노약자 등 지역 내에 도움이 필요한 사람들이 주체성을 가지고 돌봄, 교육, 일자리를 누리는 특징이 있다. 그래서 농업뿐만 아니라, 돌봄과 교육 등의 다양한 연계가 필요한 '사회적 농업'은 마을, 지역주민, 복지시설로 일터의 지경을 확장하는 통로가 되고 있다.

> "저는 사회적 농업을 '사회적으로 배제된 사람들을 사회 안으로 통합하는 농업'이라고 소개해요.
> 계약에 기초한 임금 노동을 수행할 능력이 떨어지는 사람도 함께 돌보고 교육하고 일자리를 만들어 줌으로써,

노동과 쉼을 제공할 수 있는 일이 바로 '사회적 농업'이거든요.
이미 EU를 비롯한 여러 나라들이 이런 이해를 바탕으로
이 활동을 활발히 하고 있어요.

불리한 여건에 있는 사람들이 우리 주변에 참 많죠.
치매 어르신일 수도 있고, 아동, 장애인을 포함한 소수자들도
불리한 여건에 있어요.
바로 그들을 포용하는 일이 '사회적 농업'입니다."

〈콩세알〉은 현재 '사회적 농업'의 일환으로 정신질환 장애인들이 농작물을 재배할 뿐 아니라, 포장하고 가공하는 '콩세알 농사학교'를 비롯해 특수교육 대상 어린이들과 가족이 텃밭을 가꾸는 '콩세알 가족농장', 고령 농업인과 귀농 귀촌인의 친환경 농작업을 지원하는 '콩세알 농두레' 등의 활동을 활발하게 진행하고 있다. 이 밖에도 도농 교류 체험장을 운영해 두부 만들기, 장 담그기, 농사 체험 등을 진행하고 있으며, 사회적 농업 네트워크를 통해 지역 안팎에서 농업의 건강한 순환 고리를 만들어 내고 있다.

또한 18년 전 강화도에 뿌리내린 〈콩세알〉은 지구가 직면한 생태적 변화에 창조적으로 응답하기 위해 변모하고 있다. 콩 세 알의 선물, 즉 한 알은 벌레와 새가 먹고, 한 알은 이웃과 나눠 먹고, 나머지 한 알은 자신이 먹는 공생의 삶이 허락한 선물과도 같은 결실을 서정훈 목사는 이렇게 소개했다.

"지금까지 지향한 가치가 어느 정도 내면화된 것 같아요.
이제는 농부의 '콩세알' 정신이 던지는 공생의 중요성을
어떻게 전하고 알릴지 모색하고 있습니다.
특히 공생에서 중요한 '나'의 고유함을 발견하고, 내가 은총 받은 존재,
하나님 앞에 선 존재, 하나님의 신비 속에 탄생한 존재라는 것이
잘 발현될 수 있는 태도가 우리 사역과 일을 통해 알려지면 좋겠습니다.

사실 이 중요성이 발견될 때 자연을 가장 덜 훼손하고 변형하는 일로
확장되지 않을까요? 서로의 '나'를 의식하는 과정이 친환경 농업
그 자체라고도 할 수 있을 것 같아요."

〈콩세알〉 돌봄마을 사회적협동조합 총회

작은 일도 허투루 대하지 않고 성실하고 꾸준하게 농촌 사역을 감당하고 있는 〈콩세알〉의 가능성은 전보다 훨씬 더 무궁무진해졌다. 인류의 DNA에는 농부 DNA가 심겨있다고 보는 서 목사는 인터뷰 끝에 농업 활동을 이렇게 소개했다.

> "농업에 대한 경험이 없는 사람이라도 수천 년 동안 축적해 온 농경 DNA를 통해 자신의 본래적인 가치를 회복할 수 있다고 봐요. 치유농업이 다른 것일까요.
> 농부의 삶을 경험하고, 누리면서 마음이 아프거나 관계에 있어서 단절되어 있다거나 자신이 피안의 세계에 있다고 생각하는 이들을 초대하는 농업의 가치를 잘 알아주시면 좋겠어요.
>
> 농업은 곧 초대입니다."

감리교회 목회자로서 교단에 '생태목회연구소'가 생긴 것을 반기는 서 목사는 생태적 관점의 성경 읽기를 비롯해 생태적 목회가 더 확장되기를 바랐다.

> "예전부터 생태신학을 비롯한 생태적 관점에 대한 이야기는 많이 했지요.

하지만, 이것을 보편화하는 데에는 아쉬움이 있었다고 봐요.
교회가 환경 보호, 쓰레기 덜 버리기 수준에만 머물지 않기를 바랍니다.
좀 더 깊은 실천 방안과 생태적 삶의 전환을 위한 삶의 모든 양태의
변화가 신앙의 깊은 힘에서 나올 수 있도록
연구소가 더 힘써주길 바랍니다."

다른 교회 취재보다 서정훈 목사와의 인터뷰 시간은 짧았다. 두서없다고 하면서도 일목요연하게 핵심을 짚는 서 목사의 태도가 한몫했고, 인터뷰 도중에도 커뮤니티 센터로 들어오는 사람들과 벼 수확을 위해 이야기를 나누고, 전화 통화를 하는 그의 바쁜 일정도 한몫했다. 그리고 그의 얼굴에 드리운 피곤함도 무시할 수 없었다. 여기저기 회의와 업무를 위해 다녀야만 한단다. 그런 그를 오래 붙잡을 수는 없었다.

서정훈 목사와의 인터뷰가 끝나고, 세계적으로 널리 알려진 그리스도교 공동체 중 하나인 브루더호프(Bruderhof)의 초기 개척자 요한 하인리히 아놀드(1913~1982)가 떠올랐다. 그는 내게 공동체를 세우는 일이 영웅적이고, 기적적인 일의 연속이 아니라, 그보다 훨씬 깊은 무명과 모순, 평범함 속에 세워지는 과정이라는 것을 알려준 사람이다.

아놀드의 손자 피터 맘슨이 쓴 책 『부서진 사람 – 부르심을 따라 살았던 사람, 하인리히 아놀드의 생애』에는 공동체 대가의 모습이 잘 소개되어 있다. 특히 공동체 초기에 자발적으로 희생과 불편함을 감수하며 소명의

의미에 대해 질문하던 아놀드의 모습이 고스란히 들어있다. 오늘 다시 그 '고생스러운 길'의 의미를 곱씹게 된다. 아놀드는 자신의 여정을 회고하며 이렇게 말했다.

> "내면의 자유와 진실함을 지키기 위해서라면 무엇과도 타협하지 말아라.
> 어떤 일이 있어도 하나님의 위대함과
> 이 땅에 있는 하나님 나라를 부인해선 안 된다.
> 모든 일에 있어서 철저히 하나님을 신뢰하렴."[12]

조직이 아닌 살아 있는 유기체로서의 공동체를 향해 그리스도께 견고하게 그리고 깊이 뿌리내린 아놀드는 이 여정에서 맞닥뜨리는 온갖 유혹, 경제적 어려움과 오해, 실패를 묵묵히 걸어갔다. 다양한 성정을 가진 이들을 한 공동체로 초대하기 위한 진실함과 꾸준함, 그리스도의 사랑을 신뢰하는 일만이 아놀드에게 주어졌다. 지금까지 〈콩세알〉과 〈일벗교회〉가 걸어온 길도 이와 비슷하지 않을까. 교회 안팎에서 선한 책임을 감당하고 있는 〈콩세알〉이 앞으로도 교계와 사회를 잇는 공동체로 오롯이 세워지기를 바란다.

---

[12] 피터 맘슨, 『부서진 사람 – 부르심을 따라 살았던 사람, 하인리히 아놀드의 생』 칸앤메리 옮김 (바람이 불어오는 곳, 2021), 523.

〈일벗교회〉 식구들.

#두부꾸러미
#생태공동체 #천연콩

일벗교회, 콩세알 | 인천 강화군 양사면 배우개길 69번길 27-22